Biblioteca Martins Fontes

Poesia lírica latina

Públio Ovídio Naso

Poesia lírica latina

ORGANIZAÇÃO
Maria da Gloria Novak
Maria Luiza Neri

INTRODUÇÃO
Zelia de Almeida Cardoso

Martins Fontes
São Paulo 2003

Copyright © 2003, Livraria Martins Fontes Editora Ltda.,
São Paulo, para a presente edição

3ª EDIÇÃO
março de 2003

REVISÃO DA TRADUÇÃO E DO TEXTO LATINO
Zelia de Almeida Cardoso

REVISÃO GRÁFICA
Edna Gonçalves Luna
Marise Simões Leal

CAPA, PROJETO GRÁFICO
Marcos Lisboa

PRODUÇÃO GRÁFICA
Geraldo Alves

PAGINAÇÃO/FOTOLITOS
Studio 3 Desenvolvimento Editorial

Dados Internacionais de Catalogação na Publicação (CIP)
(Câmara Brasileira do Livro, SP, Brasil)

Poesia lírica latina / organização Maria da Glória Novak, Maria Luiza Neri. – 3ª ed. – São Paulo : Martins Fontes, 2003. – (Biblioteca Martins Fontes)

ISBN 85-336-1740-2

1. Poesia lírica 2. Poesia latina I. Novak, Maria da Glória. II. Neri, Maria Luiza. III. Série.

03-0824	CDD-874

Índices para catálogo sistemático:
1. Poesia lírica latina   874

Todos os direitos desta edição reservados à
Livraria Martins Fontes Editora Ltda.
*Rua Conselheiro Ramalho, 330/340 01325-000 São Paulo SP Brasil
Tel. (11) 3241.3677 Fax (11) 3105.6867
e-mail: info@martinsfontes.com.br http://www.martinsfontes.com.br*

SUMÁRIO

Introdução xi

Caio Valério Catulo (c. 87-c. 54 a.C.) 1
Poemas. Trad. Lauro Mistura

Públio Vergílio Maro (71/70-19 a.C.) 39
Bucólicas. Trad. Zelia de Almeida Cardoso

Quinto Horácio Flaco (65-8 a.C.) 61
Odes. Trad. Ariovaldo Augusto Peterlini
Epodos. Trad. Paulo Sérgio de Vasconcellos

Álbio Tibulo (c. 50-19/18 a.C.) 103
Elegias. Trad. Maria da Gloria Novak
Homero Osvaldo Machado Nogueira
Marcos Martinho dos Santos

Sulpícia (I a.C.) 123
Elegias. Trad. Zelia de Almeida Cardoso

Sexto Propércio (47?/-15? a.C.) 129
Elegias. Trad. Zelia de Almeida Cardoso
Maria da Gloria Novak
Willians Shi Cheng Li

Públio Ovídio Naso (43 a.C.-17/18 d.C.) 159
Amores. Trad. Anna Lia A. de Almeida Prado
Heróides. Trad. Maria da Gloria Novak
Arte de amar. Trad. Anna Lia A. de Almeida Prado
Remédios de amor. Trad. Anna Lia A. de Almeida Prado
Metamorfoses. Trad. Maria da Gloria Novak
Ruth Junqueira de Faria

Cantos tristes. Trad. Maria da Gloria Novak
Cartas do Ponto. Trad. Maria da Gloria Novak

PÚBLIO PAPÍNIO ESTÁCIO (40?-96 D.C.)   219
Silvas. Trad. Antonio Chelini

MARCO VALÉRIO MARCIAL (C. 40-C. 104 D.C.)   229
Epigramas. Trad. Ariovaldo Augusto Peterlini
João Angelo Oliva Neto
José Dejalma Dezzoti

Vigília de Vênus (II-III d.C.)   249
Trad. Álice Cunio Machado Fonseca

DÉCIMO MAGNO AUSÔNIO (C. 310-C. 395)   259
Epigramas. Trad. João Pedro Mendes

CLÁUDIO CLAUDIANO (C. 370-*paulo post* 404)   265
Epigramas. Trad. João Pedro Mendes

CLÁUDIO RUTÍLIO NAMACIANO (IV-V)   269
Itinerário de seu regresso. Trad. João Pedro Mendes

AURÉLIO PRUDÊNCIO CLEMENTE (348-C. 410)   273
Livro das horas. Trad. Homero Osvaldo M. Nogueira

À Professora Aída Costa

INTRODUÇÃO

Embora as primeiras manifestações poéticas latinas tenham sido formas líricas (hinos, canções), pouco se conhece dessa produção incipiente e anônima. Sabe-se, graças a informações posteriores, que os romanos, antes mesmo dos contatos culturais mais profundos com a civilização da Hélade – contatos que se deram durante o século III a.c. –, compunham cânticos de diversas espécies: religiosos, licenciosos, heróicos, triunfais, funerários. Nesses cânticos estavam os germes dos gêneros literários que floresceriam mais tarde sob a influência da literatura grega.

A epopéia e a poesia dramática desenvolveram-se mais rapidamente. A poesia lírica, talvez por ser basicamente um gênero popular e oral, demorou um pouco mais em seu desenvolvimento. Só no século I a.c., graças à divulgação da poesia alexandrina em Roma, pôde a lírica ombrear com os demais gêneros, atingindo a maturidade das formas cultas.

Dos primeiros líricos romanos pouco restou. Os neoalexandrinos Licínio Calvo (82-47 a.C.), Hélvio Cina e Varrão de Átax tiveram importância no seu tempo como inovadores e desbravadores de caminhos, mas os seus poemas praticamente se perderam. Dessa forma, é de Caio Valério Catulo (c. 87-c. 54 a.C.) a primeira obra importante que sobreviveu no campo da poesia lírica latina.

Catulo, jovem rico, descendente de família eqüestre, viveu grande parte de sua vida em Roma; ali travou relações com personalidades importantes da vida política e cultural, freqüentou a sociedade mundana e teria mantido um caso de amor com Clódia, mulher de antiga família mas conhecida pela liberalidade dos seus costumes. O poeta oferece-nos "retratos" dessa vida em seus poemas (*Carmina*).

Homem de grande sensibilidade, versatilidade e talento, compôs cento e dezesseis peças poéticas, que chegaram quase na íntegra até os nossos dias. As sessenta primeiras, que podem ser consideradas como peças de amor ou de circunstância, são curtas e foram compostas em metros diversos. A linguagem é simples, espontânea e o sentimento se extravasa nos versos. O autor dirige-se ora a amigos, ora a mulheres, tratando com especial paixão a que designa por *Lésbia* (identificada freqüentemente pelos biógrafos com a bela Clódia).

As oito seguintes (61-68), longas e eruditas, são inspiradas na poesia alexandrina. A linguagem é culta e artificial, chegando por vezes ao preciosismo pela abundância de imagens, sofisticação de vocabulário e de construções, requinte de composição.

As quarenta e oito peças finais (69-116) retomam a temática das primeiras mas são compostas em dísticos elegíacos.

Embora, sem nenhuma dúvida, Catulo seja um grande poeta, engenhoso, criativo, delicado e sensível, é na época de Augusto que surgem as principais figuras da poesia lírica latina.

Públio Vergílio Maro (71/70-19 a.C.) inicia-se na vida poética escrevendo poemas líricos. Conquanto mais tarde se notabilize como autor de um poema didático, as *Geórgicas* (*Georgica*), e de uma das principais epopéias que o mundo conheceu, a *Eneida* (*Aeneis*), não se pode esquecer-lhe a obra lírica, sobretudo as *Bucólicas* (*Bucolica*). Publicadas entre 41 e 37 a.C., são dez poemas pastoris, inspirados em Teócrito. Variados quanto ao assunto – em alguns explora-se o tema do amor, em outros há alegorias e heranças da poesia científica –, os poemas apresentam grande delicadeza e revelam a capacidade do poeta de esboçar paisagens rurais e compor caracteres.

Quinto Horácio Flaco (65-8 a.C.), contemporâneo e amigo de Vergílio, iniciou-se na literatura escrevendo, entre 41 e 30, um livro de *Epodos* (*Epodon liber*) – dezessete poemas jâmbicos, inspirados em Arquíloco – e dois livros de *Sátiras* (*Sermones*).

É, porém, com as *Odes* (*Carmina*), três livros escritos entre 30 e 23 e um publicado em 13 a.C., que Horácio atinge os momentos mais líricos e talvez mais belos da sua obra. Muitos assuntos diferentes são explorados nas peças poéticas designadas por *Odes*. Algumas são de caráter cívico, prestando-se à exaltação de Roma, do patriotismo, do imperador; outras desenvolvem temas pessoais, cotidianos. É nestas, sobretudo, que Horácio apresenta as suas idéias sobre o amor, a brevidade da vida, a necessidade de viver o momento presente, a procura do prazer.

Entre as *Odes* cumpre lembrar, por sua importância, o *Cântico secular* (*Carmen saeculare*), composto em 17, para ser entoado por um coro de jovens durante os Jogos Seculares, promovidos por Augusto.

Introdução

Na mesma época em que viveram Vergílio e Horácio, dois jovens poetas, Álbio Tibulo (c. 50-19/18 a.C.) e Sexto Propércio (c. 47?-15? a.C.), dedicaram-se à antiga modalidade literária que tivera dias de glória tanto na velha Grécia como em Alexandria: a poesia elegíaca.

Prestando-se a uma temática variada no correr dos tempos (poesia heróica, moralística, sentimental, erótico-mitológica), a elegia foi utilizada, em Roma, para a expressão do amor, do patriotismo e da dor, principalmente da que decorre da frustração amorosa e da morte.

Tibulo compôs dois livros de elegias, respectivamente com dez e seis poemas. Embora neles se encontrem peças encomiásticas e sobre assuntos diversos, salientam-se as que desenvolvem o tema do amor: o poeta imortalizou as figuras de duas moças, Délia e Nêmesis, e a de um jovem, Márato, objeto, os três, segundo os versos, de ardente e não correspondida paixão. Atribuem-se-lhe também alguns poemas inseridos num terceiro livro, em que se encontram textos da autoria possível de um enigmático Lígdamo e de Sulpícia, uma das poucas mulheres da Antigüidade a deixar uma obra poética.

Propércio escreveu quatro livros de elegias (*Elegiarum libri*), cantando na maior parte dos seus noventa e dois poemas o amor tumultuado e infeliz pela bela, pérfida e cruel Cíntia.

Embora se valham esses dois poetas do mesmo tipo de metro (o dístico elegíaco) e de temática semelhante (amor, sofrimento, morte), os estilos são bastante diferentes. O de Tibulo prima pela simplicidade e pela delicadeza; o de Propércio, pelo rebuscamento e pelo desejo de demonstrar erudição.

O último grande poeta da época de Augusto é Públio Ovídio Naso (43 a.C.-17/18 d.C.), escritor versátil, que se dedicou a gêneros literários distintos. De sua obra lírica salientam-se os textos elegíacos: *Amores* (*Amores*), elegias em homenagem à cortesã Corina; *Heróides* (*Heroides*), cartas supostamente escritas por figuras mitológicas; *Cantos tristes* (*Tristium libri*) e *Cartas do Ponto* (*Epistulae ex Ponto*) compostos no exílio, carregados de melancolia e dor. Não podemos esquecer, porém, textos seus de grande importância, muito embora não se filiem rigorosamente ao chamado gênero lírico: *Arte de amar* (*Artis amatoriae libri*), *Remédios de amor* (*Remedia amoris*), *Cosméticos para o rosto* (*De medicamine faciei*). São também de sua autoria as *Metamorfoses* (*Metamorphoseon libri*), coletânea de lendas mitológicas, os *Fastos* (*Fasti*), poemas em homenagem a festividades religiosas e cívicas, a tragédia *Medéia* (*Medea*), *Haliêutica* (*Halieutica*), poema sobre peixes, e *Íbis* (*Ibis*), panfleto de coloração política. O estilo de Ovídio é rico em imagens, a linguagem é cuidada e a versificação, extremamente rigorosa.

Após a época de Augusto, os poetas líricos tornam-se raros em Roma. Destacam-se as figuras de Públio Papínio Estácio (40?-96 d.C.), autor das *Silvas* (*Siluae*), cinco livros escritos ao sabor da pena sobre temas vários, e Marco Valério Marcial (c. 40-c. 104 d.C.), autor de cerca de mil e quinhentos epigramas (*Epigrammaton libri*), poemetos curtos, nos quais consegue expressar as suas grandes qualidades literárias: elegância, gosto pelo pitoresco, finura de espírito.

Entre os séculos II e III, de autoria desconhecida, surge entre as letras romanas um pequeno poema de cunho mitológico, verdadeiro hino à primavera e ao amor, a *Vigília de Vênus* (*Peruigilium Veneris*), texto de grande delicadeza, um dos últimos documentos da vitalidade da poesia de caráter mitológico.

A partir do século IV, a poesia cristã sobrepõe-se à pagã. Embora Décimo Magno Ausônio (c. 310-c. 395), Cláudio Claudiano (c. 370-*paulo post* 404), Rufo Festo Avieno (séc. IV) e Cláudio Rutílio Namaciano (séc. IV-V) possam ainda ser contados como poetas pagãos de certa importância, é sem dúvida o cristão Aurélio Prudêncio Clemente (348-410) a figura mais destacada do período.

Prudêncio é autor de hinos e de odes, agrupados nas suas duas obras de relevo: *Livro das ocupações diárias* (*Cathemerinon liber*) e *Livro sobre as coroas* (*Peristephanon liber*). Nesses poemas, nos quais insiste no tema da santidade – santidade que deve pontear as horas do dia e que garante o triunfo aos mártires –, o poeta revela qualidades de estilo (gosto pela grandiosidade e pelo colorido) sem, todavia, escapar à ênfase e à verbosidade.

ZELIA DE ALMEIDA CARDOSO

GAIVS VALERIVS CATVLLVS

CAIO VALÉRIO CATULO

CARMINA

3

Lugete, o Veneres Cupidinesque,
et quantum est hominum uenustiorum.
Passer mortuus est meae puellae,
passer, deliciae meae puellae,
quem plus illa oculis suis amabat; 5
nam mellitus erat suamque norat
ipsam tam bene quam puella matrem,
nec sese a gremio illius mouebat,
sed circumsiliens modo huc modo illuc
ad solam dominam usque pipiabat. 10
Qui nunc it per iter tenebricosum
illuc, unde negant redire quemquam.
At vobis male sit, malae tenebrae
Orci, quae omnia bella deuoratis;
tam bellum mihi passerem abstulistis. 15
O factum male! O miselle passer!
Tua nunc opera meae puellae
flendo turgidoli rubent ocelli.

POEMAS

3

Chorai, ó Deusas e Deuses dos amores,
e quanto houver de homens impregnados
de muito amor.
O pássaro de minha amada morreu,
o pássaro, o afeto de minha amada,
a quem ela mais amava   5
do que a seus próprios olhos.
Ele era doce como o mel,
conhecia sua senhora tão bem
quanto uma filhinha conhece a própria mãe.
Não se afastava de seu regaço,
mas saltitando ora aqui ora ali
cantava sem cessar, inteiramente   10
voltado para ela.
Agora ele se dirige, por um caminho
coberto de trevas, para aquelas regiões
de onde se afirma que ninguém volta.
Malditas sejais vós, malditas trevas do Orco
que devorais tudo o que é belo.
Vós me arrebatastes este pássaro tão belo.   15
Ó fato funesto! Ó pássaro infeliz!
Por tua causa chorando se ruborizam agora,
cheios de lágrimas, os ternos olhos de minha amada
                                        L.M.

4

Phaselus ille, quem uidetis, hospites,
ait fuisse nauium celerrimus,
neque ullius natantis impetum trabis
nequisse praeterire, siue palmulis
opus foret uolare siue linteo. 5
Et hoc negat minacis Adriatici
negare litus insulasue Cycladas
Rhodumque nobilem horridamque Thraciam,
Propontida trucemue Ponticum sinum,
ubi iste post phaselus antea fuit 10
comata silua; nam Cytorio in iugo
loquente saepe sibilum edidit coma.
Amastri Pontica et Cytore buxifer,
tibi haec fuisse et esse cognitissima
ait phaselus; ultima ex origine 15
tuo stetisse dicit in cacumine,
tuo imbuisse palmulas in aequore,
et inde tot per impotentia freta
erum tulisse, laeua siue dextera
uocaret aura, siue utrumque Iupiter 20
simul secundus incidisset in pedem;
neque ulla uota litoralibus diis
sibi esse facta, cum ueniret a marei
nouissime hunc ad usque limpidum lacum.
Sed haec prius fuere; nunc recondita 25
senet quiete seque dedicat tibi,
gemelle Castor et gemelle Castoris.

4

Aquela embarcação que vedes, amigos,
afirma que foi a mais veloz das naus
e que pôde superar em velocidade
qualquer lenho flutuante,
quer fosse necessário voar a remos quer a vela. 5
Assegura ainda que não podem negar tal fato
nem as costas do Adriático ameaçador
nem as ilhas Cíclades nem a famosa Rodes
nem o encapelado mar da Trácia Propôntida
nem a selvagem região Pôntica,
onde ela, que se tornou depois uma embarcação, 10
fora antes uma floresta frondejante, pois,
no cume do monte Citoro, ela constantemente
emitiu silvos em suas frondes sonoras.
"Ó Pôntica Amástris, ó monte Citoro, coberto de buxos",
exclama a embarcação, "de ti tais fatos foram e
são conhecidíssimos". Conta ainda a embarcação 15
que desde os remotos tempos esteve sobre teu cume,
que pela primeira vez empregou seus remos em tuas águas,
e que a partir destes lugares através de tantas
ondas impetuosas, incapazes de conter-se, ela
transportou seu mestre, quer a brisa a chamasse
para a esquerda ou para a direita, quer o sopro 20
favorável de Júpiter se abatesse simultaneamente
sobre as duas amuras, e que ela não fizera ainda
nenhum voto aos Deuses dos litorais até o momento
em que, recentemente, veio do mar para este
límpido lago. Mas estes são fatos que já se passaram.
Hoje ela envelhece oculta em sua tranqüilidade 25
e se consagra a ti, ó gêmeo Cástor,
e a ti, ó gêmeo de Cástor.

L.M.

5

Viuamus, mea Lesbia, atque amemus,
rumoresque senum seueriorum
omnes unius aestimemus assis.
Soles occidere et redire possunt;
nobis cum semel occidit breuis lux, 5
nox est perpetua una dormienda.
Da mi basia mille, deinde centum,
dein mille altera, dein secunda centum,
deinde usque altera mille, deinde centum.
Dein, cum milia multa fecerimus, 10
conturbabimus illa, ne sciamus,
aut ne quis malus inuidere possit,
cum tantum sciat esse basiorum.

7

Quaeris quot mihi basiationes
tuae, Lesbia, sint satis superque.
Quam magnus numerus Libyssae harenae
lasarpiciferis iacet Cyrenis,
oraclum Iouis inter aestuosi 5
et Batti ueteris sacrum sepulcrum,
aut quam sidera multa, cum tacet nox,
furtiuos hominum uident amores,
tam te basia multa basiare
uesano satis et super Catullo est, 10

5

Vivamos, minha Lésbia, amemo-nos,
e a todas as censuras de velhos
demasiadamente austeros
demos o valor de um único asse.
Os sóis podem se pôr e retornar;　　　　　　　　　　　　　　　5
quando porém numa única vez a breve luz
de nossas vidas desaparece no ocaso,
somos obrigados a dormir uma noite sem fim.
Dá-me mil beijos, depois cem,
a seguir outros mil e mais cem
e depois ininterruptamente outros
mil e mais cem.
A seguir, depois que tivermos trocado　　　　　　　　　　　　　　　10
estes muitos milhares de beijos,
alteraremos a soma deles para que
não saibamos quantos foram ou
para que nenhum invejoso possa nos
lançar um mau-olhado quando souber
exatamente o número destes beijos.

　　　　　　　　　　　　　　　L.M.

7

Perguntas-me, Lésbia, quantos beijos
teus me possam de todo contentar.
Quão imenso é o número de grãos de areia líbica
que se estende pelas regiões de Cirene,
entre o templo estuante dos oráculos de Júpiter　　　　　　　　　　　　　　　5
e a tumba sagrada do velho Bato,
ou quantas são as inúmeras estrelas, quando a noite se cala,
que observam os amores furtivos dos homens,
tantos são os inúmeros beijos que tu hás de dar
em Catulo, louco de amor, para que ele possa de todo　　　　　　　　　　　　　　　10

quae nec pernumerare curiosi
possint nec mala fascinare lingua.

8

Miser Catulle, desinas ineptire,
et quod uides perisse perditum ducas.
Fulsere quodam candidi tibi soles,
cum uentitabas quo puella ducebat
amata nobis quantum amabitur nulla. 5
Ibi illa multa tum iocosa fiebant,
quae tu uolebas nec puella nolebat.
Fulsere uere candidi tibi soles.
Nunc iam illa non uolt; tu quoque, inpotens, noli,
nec quae fugit sectare, nec miser uiue, 10
sed obstinata mente perfer, obdura.
Vale, puella. Iam Catullus obdurat,
nec te requiret nec rogabit inuitam;
at tu dolebis, cum rogaberis nulla.
Scelesta, uae te; quae tibi manet uita! 15
Quis nunc te adibit? Cui uideberis bella?
Quem nunc amabis? Cuius esse diceris?
Quem basiabis? Cui labella mordebis?
At tu, Catulle, destinatus obdura.

se contentar e para que também nem os indiscretos
possam enumerá-los um a um, nem uma língua invejosa
nos lançar má sorte.

L.M.

8

Meu pobre Catulo, põe um termo neste delirar
e considera perdido o que vês que se perdeu.
Em tempos passados sóis luminosos brilharam
quando tu, constantemente, corrias
para onde te chamava a jovem por nós tão amada   5
quanto nenhuma outra será jamais amada.
Nestes encontros então aconteciam aqueles
inumeráveis momentos de prazer: o que tu querias
a jovem também não o deixava de querer.
Sóis luminosos realmente brilharam para ti.
Hoje, porém, ela já não quer mais.
Também tu, incapaz de te conteres, não queiras mais,
não persigas aquela que te foge, não vivas infeliz,   10
mas conserva inflexível teu espírito, resiste.
Adeus, minha jovem amiga, Catulo já resiste,
não mais irá te procurar, não mais te convidará
a um encontro, se não o desejares.
Mas tu chorarás quando não mais fores solicitada.
Ai de ti, infeliz. Que vida te está reservada?   15
Que homem irá ter contigo?
A quem parecerás bela? Agora a quem amarás?
A quem dirão que pertences? A quem beijarás?
De quem morderás os lábios?
Mas tu, Catulo, resiste.

L.M.

13

Cenabis bene, mi Fabulle, apud me
paucis, si tibi dei fauent, diebus,
si tecum attuleris bonam atque magnam
cenam, non sine candida puella
et uino et sale et omnibus cachinnis.   5
Haec sei, inquam, attuleris, uenuste noster,
cenabis bene; nam tui Catulli
plenus sacculus est aranearum.
Sed contra accipies meros amores
seu quid suauius elegantiusue est;   10
nam unguentum dabo, quod meae puellae
donarunt Veneres Cupidinesque,
quod tu cum olfacies, deos rogabis,
totum ut te faciant, Fabulle, nasum.

32

Amabo, mea dulcis Ipsithilla,
meae deliciae, mei lepores,
iube ad te ueniam meridiatum.
Et si iusseris, illud adiuuato,
nequis liminis obseret tabellam,   5
neu tibi lubeat foras abire,
sed domi maneas paresque nobis
nouem continuas fututiones.
Verum, siquid ages, statim iubeto;
nam pransus iaceo et satur supinus   10
pertundo tunicamque palliumque.

13

Meu caro Fabulo, em breve cearás
muito bem em minha casa,
se os Deuses te forem favoráveis,
se trouxeres uma boa e copiosa ceia,
juntamente com uma jovem de pele bem alva,
vinho, palavras espirituosas e todas as sonoras risadas.   5
Se, repito, trouxeres isto, meu espirituoso amigo,
cearás bem, pois a bolsa de teu Catulo
está repleta de teias de aranha.
Em compensação, porém, receberás os sentimentos
de nossa verdadeira afeição
ou uma das coisas mais suaves e finas que existem.   10
Eu te darei um perfume que as Deusas e os Deuses
dos amores deram à minha amada.
Quando tu o sentires, Fabulo, rogarás aos Deuses
que te transformem inteiramente em nariz.

L.M.

32

Por favor, minha doce Ipsitila,
meu amor, encanto de minha vida,
convida-me a fazer a sesta contigo esta tarde.
E se me convidares, faze-me este obséquio:
que nenhum outro tranque a folha da porta da entrada,   5
que não te apraza ir a outro lugar,
mas espera-me em tua casa e prepara-te
para nos unirmos nove vezes seguidas.
Entretanto, se estiveres disposta a isto,
convida-me agora mesmo pois, tendo já almoçado,   10
estou repousando e, bem saciado, deitado de costas,
começo a perfurar minha túnica e meu manto.

L.M.

41

Ameana puella defututa
tota milia me decem poposcit,
ista turpiculo puella naso,
decoctoris amica Formiani.
Propinqui, quibus est puella curae   5
amicos medicosque conuocate;
non est sana puella. Nec rogate
qualis sit; solet esse imaginosa.

43

Salue, nec minimo puella naso
nec bello pede nec nigris ocellis
nec longis digitis nec ore sicco
nec sane nimis elegante lingua,
decoctoris amica Formiani.   5
Ten prouincia narrat esse bellam?
Tecum Lesbia nostra comparatur?
O saeclum insapiens et infacetum!

46

Iam uer egelidos refert tepores,
iam caeli furor aequinoctialis
iocundis Zephyri silescit aureis.
Linquantur Phrygii, Catulle, campi
Nicaeaeque ager uber aestuosae;   5
ad claras Asiae uolemus urbes.

41

Ameana, garota já por tantos possuída,
exigiu de mim exatamente dez mil sestércios,
aquela garota de nariz bastante feio,
a amiga do falido de Fórmias.
Parentes, que com esta garota estais preocupados, 5
convocai os amigos e os médicos;
ela não está bem de saúde.
Não me pergunteis em que estado ela está:
vive cheia de fantasias.

L.M.

43

Salve, ó jovem, que não tens um nariz muito pequeno
nem uns lindos pés, nem uns negros olhinhos,
nem uns dedos afilados, nem uma boca delicada,
nem sequer uma linguagem bem aprimorada,
ó amiga do falido de Fórmias. 5
Será que a província afirma que tu és bela?
Contigo a nossa Lésbia é comparada?
Ó geração de mau gosto e grossa.

L.M.

46

Já a primavera traz novamente consigo
o tépido calor que afasta o frio,
já a fúria tempestiva de um céu equinocial
se abranda com as suaves aragens do Zéfiro.
Deixemos, Catulo, as planícies frígias
e os férteis campos desta Nicéia abrasada pelo sol; 5
corramos rapidamente para as renomadas cidades da Ásia.

Iam mens praetrepidans auet uagari,
iam laeti studio pedes uigescunt.
O dulces comitum ualete coetus,
longe quos simul a domo profectos 10
diuersae uariae uiae reportant.

51

Ille mi par esse deo uidetur,
ille, si fas est, superare diuos,
qui sedens aduersus identidem te
    spectat et audit
dulce ridentem, misero quod omnis 5
eripit sensus mihi; nam simul te,
Lesbia, aspexi, nihil est super mi
    uocis in ore,
lingua sed torpet, tenuis sub artus
flamma demanat, sonitu suopte 10
tintinant aures, gemia teguntur
    lumina nocte.
Otium, Catulle, tibi molestum est;
otio exultas nimiumque gestis.
Otium et reges prius et beatas 15
    perdidit urbes.

58

Caeli, Lesbia nostra, Lesbia illa,
illa Lesbia, quam Catullus unam
plus quam se atque suos amauit omnes,

Já um coração muito impaciente deseja
ardentemente viajar sem rumo,
já os pés bem dispostos por este desejo
se enchem de novas forças.
Adeus, amáveis grupos de companheiros, adeus.
Diferentes e variados caminhos levam de volta
os que juntos partiram de suas casas para tão longe.

L.M.

51

Parece-me ser semelhante a um Deus,
e se me é permitido assim o dizer,
parece-me superar os Deuses
aquele, aquele que imóvel diante de ti,
repetidas vezes, te ouve e te contempla
a sorrir docemente. Isto arrebata de meu
pobre ser todos os sentidos. Pois mal eu te olho,
Lésbia, nem um fio de voz me resta nos lábios,
minha língua se entorpece, uma chama subtil
se irradia dentro de meu corpo, meus ouvidos
ressoam por suas próprias vibrações, meus olhos
se cobrem com duas noites.
A inação deste êxtase, Catulo, te é perniciosa,
tu exultas de prazer nesta inação e demasiadamente
te excitas. A inação deste êxtase, antes de ti,
arruinou reis e cidades opulentas.

L.M.

58

Célio, a nossa Lésbia, aquela Lésbia,
a Lésbia, a única mulher que Catulo amou
mais do que a si mesmo, mais do que a todos os seus,

nunc in quadruuiis et angiportis
glubit magnanimi Remi nepotes.   5

62

Vesper adest, iuuenes, consurgite; Vesper Olympo
expectata diu uix tandem lumina tollit.
Surgere iam tempus, iam pinguis linquere mensas;
iam ueniet uirgo, iam dicetur hymenaeus.
    Hymen o Hymenaee, Hymen ades o Hymenaee!   5

Cernitis, innuptae, iuuenes? Consurgite contra;
nimirum Oetaeos ostendit Noctifer ignes.
Sic certest; uiden ut perniciter exiluere?
Non temere exiluere; canent quod uincere par est.
    Hymen o Hymenaee, Hymen ades o Hymenaee!   10

vive hoje nas encruzilhadas e becos
a eroticamente excitar
os descendentes do magnânimo Remo. 5
L.M.

62

[OS JOVENS]

A estrela Vésper, jovens, está surgindo, levantai-vos todos.
Vésper no Olimpo começa finalmente agora a elevar suas
luzes tão esperadas. É chegado o momento de se levantar,
o momento de deixar estas mesas opulentas.
Logo chegará a jovem virgem, logo se entoará
o canto do himeneu.
  Ó Hímen, ó Deus do himeneu, vem, ó Hímen, ó Deus do himeneu! 5

[AS JOVENS]

Vedes, jovens virgens, estes moços?
Levantai-vos todas para com eles competir;
pois a estrela que traz a noite ostenta já
suas luzes sobre o monte Eta.
Já não há dúvida sobre isto. Vedes com que rapidez
eles saíram?
Não foi sem razão que assim o fizeram.
Cantarão porque convém vencer.
  Ó Hímen, ó Deus do himeneu, vem, ó Hímen, ó Deus do himeneu! 10

Non facilis nobis, aequalis, palma parata est;
aspicite, innuptae secum ut meditata requirunt.
Non frustra meditantur; habent memorabile quod sit.
Nec mirum, penitus quae tota mente laborant.
Nos alio mentes, alio diuisimus aures; 15
iure igitur vincemur; amat uictoria curam.
Quare nunc animos saltem conuertite uestros;
dicere iam incipient, iam respondere decebit.
    Hymen o Hymenaee, Hymen ades o Hymenaee!

Hespere, qui caelo fertur crudelior ignis? 20
Qui natam possis conplexu auellere matris,
conplexu matris retinentem auellere natam
et iuueni ardenti castam donare puellam.
Quid faciunt hostes capta crudelius urbe?
    Hymen o Hymenaee, Hymen ades o Hymenaee! 25

Hespere, qui caelo lucet iocundior ignis?
Qui desponsa tua firmes conubia flamma,
quae pepigere uiri, pepigerunt ante parentes
nec iunxere prius quam se tuus extulit ardor.

[OS JOVENS]

Uma vitória não fácil, companheiros, está à nossa espera.
Olhai como estas jovens virgens examinam juntas os versos
que compuseram. Elas não os compõem em vão.
Retêm na memória o que é digno de ser cantado.
Não é de admirar, pois diligentemente empregam nisto
toda a alma. Nós dirigimos nossos pensamentos para um   15
lado e nossos ouvidos para outro.
Com razão, portanto, seremos vencidos. A vitória ama o esforço.
Por isso, pelo menos agora, fazei voltar vossas atenções.
Neste instante elas começaram a cantar, imediatamente
será necessário responder.
    Ó Hímen, ó Deus do himeneu, vem, ó Hímen, ó Deus do himeneu!

[AS JOVENS]

Ó Héspero, que luz mais cruel se mostra no firmamento?   20
Podes arrebatar uma filha dos braços de sua mãe,
arrebatar dos braços de sua mãe a filha que a ela
se abraça e entregar a um jovem ardente uma casta mulher.
Que fazem os inimigos de mais cruel numa cidade capturada?
    Ó Hímen, ó Deus do himeneu, vem, ó Hímen, ó Deus do himeneu! 25

[OS JOVENS]

Ó Héspero, que luz mais agradável rebrilha no céu?
Tu asseguras com tua chama os casamentos prometidos,
que os homens estabeleceram, que os pais anteriormente
combinaram. Estes casamentos se realizaram somente depois
que se ergueu o brilho de tua luz.

Quid datur a diuis felici optatius hora? 30
   Hymen o Hymenaee, Hymen ades o Hymenaee!

Hesperus e nobis, aequalis abstulit unam

Δ

Nanque tuo aduentu uigilat custodia semper.
Nocte latent fures, quos idem saepe reuertens,
Hespere, mutato comprendis nomine eosdem. 35
At lubet innuptis ficto te carpere questu.
Quid tum, si carpunt tacita quem mente requirunt?
   Hymen o Hymenaee, Hymen ades o Hymenaee!

Vt flos in saeptis secretus nascitur hortis,
ignotus pecori, nullo conuolsus aratro, 40
quem mulcent aurae, firmat sol, educat imber;
multi illum pueri, multae optauere puellae;
idem cum tenui carptus defloruit ungui,
nulli illum pueri, nullae optauere puellae;

Que de mais agradável nos é dado pelos Deuses do que   30
esta hora feliz?
    Ó Hímen, ó Deus do himeneu, vem, ó Hímen, ó Deus do himeneu!

[AS JOVENS]

Companheiras, Héspero arrebatou uma de nós

Δ

[OS JOVENS]

Pois ao chegares, as sentinelas noturnas estão sempre
em seus postos. Os ladrões se escondem na noite, estes
mesmos que tu, Héspero, surpreendes quando muitas vezes   35
voltas com o nome de Estrela da Manhã.
Mas agrada a estas jovens virgens censurar-te com
falsos queixumes. Que dizer então, se censuram
aquele a quem secretamente desejam?
    Ó Hímen, ó Deus do himeneu, vem, ó Hímen, ó Deus do himeneu!

[AS JOVENS]

Tal como uma flor selecionada
nasce no recanto cercado de um jardim,
ignorada do rebanho, não atingida pelo arado,   40
a quem a brisa acaricia, o sol robustece, a chuva alimenta...
Muitos jovens, muitas jovens a desejaram.
No momento em que esta mesma flor,
atingida por tênues unhas, começou a murchar,

sic uirgo, dum intacta manet, dum cara suis est; 45
cum castum amisit polluto corpore florem,
nec pueris iucunda manet, nec cara puellis.
    Hymen o Hymenaee, Hymen ades o Hymenaee!

Vt uidua in nudo uitis quae nascitur aruo
nunquam se extollit, numquam mitem educat uuam, 50
sed tenerum prono deflectens pondere corpus
iam iam contingit summum radice flagellum;
hanc nulli agricolae, nulli accoluere iuuenci;
at si forte eadem est ulmo coniuncta marito,
multi illam agricolae, multi accoluere iuuenci; 55
sic uirgo dum intacta manet, dum inculta senescit;
cum par conubium maturo tempore adepta est,
cara uiro magis et minus est inuisa parenti.
    Hymen o Hymenaee, Hymen ades o Hymenaee!

Et tu nei pugna cum tali coniuge, uirgo. 60
Non aequom est pugnare, pater cui tradidit ipse,
ipse pater cum matre, quibus parere necesse est.

nenhum jovem, nenhuma jovem, não mais a desejou.   45
Assim a jovem virgem, enquanto permanece ilibada,
é querida de todos os seus;
quando perde porém a casta flor em seu corpo violado,
não mais permanece aprazível aos jovens,
não mais permanece querida das jovens.
   Ó Hímen, ó Deus do himeneu, vem, ó Hímen, ó Deus do himeneu!

[OS JOVENS]

Como uma videira sem arrimo
que nasce num campo despido
não pode de modo algum se erguer nem produzir   50
uma doce uva, mas ao dobrar seu tenro corpo
sob o peso que a faz pender
quase, quase atinge com sua raiz o mais alto sarmento;
a esta videira não há agricultores nem jovens touros
que a tenham cultivado; mas se talvez esta mesma videira
se uniu ao olmo, desposando-o, muitos agricultores,   55
muitos jovens touros a cultivaram.
Assim também a jovem virgem, enquanto permanece ilibada,
envelhece sem cultivo. Quando porém, já em idade de casar-se,
chegou a um casamento harmonioso,
ela se torna mais cara ao esposo, menos onerosa ao pai.
   Ó Hímen, ó Deus do himeneu, vem, ó Hímen, ó Deus do himeneu!

Tu, jovem virgem, não resistas a tal esposo.   60
Não é justo resistir àquele a quem teu próprio pai te entregou,
teu próprio pai juntamente com tua mãe,
aos quais é necessário obedecer.

Virginitas non tota tua est, ex parte parentum est,
tertia pars patri, pars est data tertia matri,
tertia sola tua est; noli pugnare duobus, 65
qui genero sua iura simul cum dote dederunt.
    Hymen o Hymenaee, Hymen ades o Hymenaee!

70

Nulli se dicit mulier mea nubere malle
    quam mihi, non si se Iupiter ipse petat.
Dicit; sed mulier cupido quod dicit amanti
    in uento et rapida scribere oportet aqua.

72

Dicebas quondam solum te nosse Catullum,
    Lesbia, nec prae me uelle tenere Iouem.
Dilexi tum te non tantum ut uulgus amicam,
    sed pater ut gnatos diligit et generos.
Nunc te cognoui; quare etsi impensius uror, 5

A tua virgindade não é inteiramente tua.
Uma parte é de teus pais:
um terço pertence a teu pai,
um terço foi dado a tua mãe;
somente um terço a ti pertence.
Não resistas a estes dois que entregaram a seu genro 65
os seus direitos juntamente com o dote.
   Ó Hímen, ó Deus do himeneu, vem, ó Hímen, ó Deus do himeneu!
L.M.

70

Minha mulher diz que não prefere
deitar-se com ninguém a não ser comigo,
mesmo que o próprio Júpiter o peça.
Diz. Mas o que a mulher diz
ao amante apaixonado é preciso que
se escreva no vento e numa água
que rápida se move.
L. M.

72

Repetias outrora que tu, Lésbia,
mantinhas íntimas relações somente com Catulo
e que nem a Júpiter querias ter em teus braços
em meu lugar. Eu te amei então não só
como os homens geralmente amam a mulher amada,
mas também como um pai ama seus filhos e genros.
Hoje eu sei quem és e é por isto que 5

multo mi tamem es uilior et leuior.
"Qui potis est?", inquis. Quod amantem iniuria talis
　　cogit amare magis, sed bene uelle minus.

73

Desine de quoquam quicquam bene uelle mereri
　　aut aliquem fieri posse putare pium.
Omnia sunt ingrata, nihil fecisse benigne
　　prodest, immo etiam taedet obestque magis,
ut mihi, quem nemo grauius nec acerbius urget
　　quam modo qui me unum atque unicum amicum habuit.

75

Huc est mens deducta tua, mea Lesbia, culpa,
　　atque ita se officio perdidit ipsa suo,
ut iam nec bene uelle queat tibi, si optuma fias,
　　nec desistere amare, omnia si facias.

embora eu me inflame mais ardentemente de amor
contudo és para mim muito mais desprezível e
muito mais sem valor. "Como pode ser isto?", perguntas.
Porque tal traição impele o amante a amar mais
mas a não querer mais tanto bem.

L.M.

73

Deixa de querer prestar um favor a alguém,
deixa de crer que alguém possa ser grato.
Só há ingratidões. De nada adianta haver sido prestativo;
isto ao contrário causa mais desgosto e
mais contrariedades como causa a mim,
a quem ninguém nem mais insuportavelmente   5
nem mais penosamente ameaça do que aquele
que até há pouco me teve como único e
exclusivo amigo.

L.M.

75

A tal extremo, Lésbia minha, por tua culpa
meu espírito foi arrastado, de tal modo
por seus sentimentos do dever ele se desnorteou
que já nem é capaz de te querer bem
se te tornares ótima, nem de te deixar
de amar ainda que tudo faças contra mim.

L.M.

76

Siqua recordanti benefacta priora uoluptas
    est homini, cum se cogitat esse pium,
nec sanctam uiolasse fidem, nec foedere nullo
    Diuum ad fallendos numine abusum homines,
multa parata manent tum in longa aetate, Catulle,   5
    ex hoc ingrato gaudia amore tibi.
Nam quaecumque homines bene cuiquam aut dicere possunt
    aut facere, haec a te dictaque factaque sunt;
omniaque ingratae perierunt credita menti.
    Quare cur te iam amplius excrucies?   10
Quin tu animum offirmas atque istinc teque reducis
    et Deis inuitis desinis esse miser?
Difficile est longum subito deponere amorem.
    Difficile est, uerum hoc qua lubet efficias.
Vna salus haec est, hoc est tibi peruincendum;   15
    hoc facias, siue id non pote siue pote.
O Dei, si uestrum est misereri, aut si quibus unquam
    extremam iam ipsa in morte tulistis opem,
me miserum aspicite et, si uitam puriter egi,
    eripite hanc pestem perniciemque mihi,   20
quae mihi subrepens imos ut torpor in artus
    expulit ex omni pectore laetitias.
Non iam illud quaero, contra ut me diligat illa,
    aut, quod non potis est, esse pudica uelit;

76

Se há para alguém uma grata satisfação
ao recordar suas boas ações passadas,
quando tem consciência de seu devotamento aos Deuses,
de não ter rompido com uma promessa feita sob juramento,
de não se ter aproveitado, em compromisso algum,
do poder dos Deuses para enganar os homens,
então, Catulo, muitas e doces recordações,   5
ao longo de tua vida, estão reservadas a ti,
por causa deste amor não correspondido.
Pois o que os homens podem desejar ou fazer de bem a alguém,
tal foi desejado e feito por ti: mas tudo se perdeu
ao ser confiado a este coração ingrato.
Então por que te angustias ainda mais?   10
Por que não endureces teu coração
e te afastas deste amor ingrato e deixas de ser infeliz
uma vez que é a isto que os Deuses se opõem?
Difícil é libertar-se subitamente de um longo amor.
É difícil, mas é preciso que o faças, haja o que houver.
Este é teu único meio de salvação,   15
este é o resultado que deves conseguir.
Faze isto, eu te peço, quer te seja possível, quer não.
Ó Deuses, se vos é próprio apiedar-vos
ou se algum dia levastes o auxílio supremo
àqueles que já se encontram às portas da própria morte,
voltai vossos olhares para este infeliz
e, se tenho conduzido minha vida com retidão,
arrancai de mim este mal, este flagelo   20
que, ao se infiltrar como um torpor nas profundezas de meu ser,
inteiramente expulsou as alegrias de meu coração.
Já não vos peço de um modo especial que ela por sua vez me ame
ou, o que não é possível, que queira manter-se fiel.
Eu mesmo tomo a resolução de me curar

ipse ualere opto et taetrum hunc deponere morbum. 25
   O Dei, reddite mi hoc pro pietate mea.

82

Quinti, si tibi uis oculos debere Catullum
   aut aliud, si quid carius est oculis,
eripere ei noli multo quod carius illi
   est oculis, seu quid carius est oculis.

83

Lesbia mi praesente uiro mala plurima dicit;
   haec illi fatuo maxima laetitia est.
Mule, nihil sentis. Si nostri oblita taceret,
   sana esset; nunc quod gannit et obloquitur,
non solum meminit, sed, quae multo acrior est res, 5
   irata est; hoc est, uritur et coquitur.

e de me libertar desta doença fatal.   25
Ó Deuses, concedei-me esta graça como recompensa de minha
                                                                    [piedade.
                                    L.M.

82

Quíncio, se queres que Catulo
fique a te dever seus olhos
ou outra coisa, se é que existe algo
mais precioso que os olhos,
não lhe arranques aquilo
que para ele é muito mais precioso
que seus olhos, ou outra coisa
que é mais preciosa que seus olhos.
                                    L.M.

83

Lésbia, diante do marido, fala muito mal de mim.
Isto para aquele imbecil é o máximo prazer.
Seu mulo, não percebes nada.
Se ela esquecida de mim se calasse,
estaria curada; agora como está a ganir e a maldizer-me,
não só se lembra de mim,   5
mas, o que é muito mais excitante,
está irritada, isto é, se abrasa e arde de amor.
                                    L.M.

85

Odi et amo. Quare id faciam, fortasse requiris.
   Nescio, sed fieri sentio et excrucior.

86

Quintia formosa est multis, mihi candida, longa,
   recta est. Haec ego sic singula confiteor,
totum illud "formosa" nego; nam nulla venustas,
   nulla in tam magno est corpore mica salis.
Lesbia formosa est, quae cum pulcerrima tota est,   5
   tum omnibus una omnis subripuit ueneres.

87

Nulla potest mulier tantum se dicere amatam
   uere, quantum a me Lesbia amata mea es.
Nulla fides nullo fuit umquam foedere tanta,
   quanta in amore tuo ex parte reperta mea est.

92

Lesbia mi dicit semper male nec tacet umquam
   de me; Lesbia me dispeream nisi amat.

85

Odeio e amo. Talvez tu me perguntes por que procedo assim.
Não sei, mas sinto isso dentro de mim e me angustio.

L.M.

86

Para muitos Quíncia é formosa,
para mim é de pele bem alva, esguia e esbelta.
Reconheço que possui cada uma destas qualidades,
nego que todas elas juntas a façam formosa.
Pois nenhuma graciosidade, nenhum pequenino grão de sal
existe neste corpo tão perfeito.
Lésbia é formosa não só porque é inteiramente belíssima, 5
mas porque de todos arrebatou sozinha todos os encantos.

L.M.

87

Mulher alguma pode afirmar ter sido tão
sinceramente amada quanto, minha Lésbia,
tu foste por mim amada. Fidelidade alguma
tão grande houve em algum juramento de amor
quanto de minha parte se encontrou na de
meu amor por ti.

L.M.

92

Lésbia lança-me incessantemente imprecações
e em momento algum pára de falar de mim.

Quo signo? Quia sunt totidem mea; deprecor illam
   assidue, uerum dispeream nisi amo.

93

Nil nimium studeo, Caesar, tibi uelle placere,
   nec scire utrum sis albus an ater homo.

96

Si quicquam muteis gratum acceptumue sepulcris
   accidere a nostro, Calue, dolore potest,
quo desiderio ueteres renouamus amores
   atque olim missas flemus amicitias,
certe non tanto mors immatura dolorist   5
   Quintiliae quantum gaudet amore tuo.

101

Multas per gentes et multa per aequora uectus
   aduenio has miseras, frater, ad inferias,
ut te postremo donarem munere mortis

Que eu morra se Lésbia não me ama.
– Por qual sintoma chegas a esta conclusão?
– Porque são estas precisamente as minhas reações.
Constantemente estou a desejar-lhe mal,
mas que eu morra se não a amo.

L.M.

93

Não me interesso, César, em te querer agradar,
muito menos em saber se és alguém branco ou preto.

L.M.

96

Se aos mudos sepulcros pode chegar
algum sentimento agradável e doce
que brote de nossa dor,
da saudade com que reavivamos nossos amores passados
e lamentamos a perda recente de nossos laços de afeição,
sem dúvida a morte prematura não é causa de uma dor   5
tão grande para Quintília
quanto ela se regozija ao sentir o teu amor.

L.M.

101

Cheguei, irmão, a estas tristes cerimônias fúnebres,
depois de atravessar muitas nações e muitos mares,
para te ofertar em sacrifício as últimas dádivas
devidas aos mortos

  et mutam nequiquam alloquerer cinerem,
quandoquidem fortuna mihi tete abstulit ipsum,   5
  heu miser, indigne frater adempte mihi.
Nunc tamen interea haec prisco quae more parentum
  tradita sunt tristi munere ad inferias,
accipe fraterno multum manantia fletu,
  atque in perpetuum, frater, aue atque uale.   10

109

Iocundum, mea uita, mihi proponis amorem
  hunc nostrum inter nos perpetuumque fore.
Dei magni, facite ut uere promittere possit,
  atque id sincere dicat et ex animo,
ut liceat nobis tota perducere uita   5
  aeternum hoc sanctae foedus amicitiae.

e para me dirigir em vão a estas tuas mudas cinzas,
pois o destino separou-me precisamente de ti.
Ai meu pobre irmão, imerecidamente arrebatado de mim
pela morte. Mas neste momento recebe estas oferendas
que segundo o ritual de meus antepassados
eu te ofereci como as tristes dádivas para estas
cerimônias fúnebres.
Elas estão inteiramente regadas pelas lágrimas fraternas.
Para todo o sempre, irmão, salve e adeus.
                              L.M.

109

Tu, minha vida, me asseguras que este nosso
mútuo amor será todo delícias e imperecível.
Poderosos Deuses, fazei que ela possa prometer
isto sem dissimulação e que o diga com sinceridade
e com toda a alma para que nos seja possível
prolongar durante toda nossa vida
este sagrado compromisso de eterna afeição.
                              L.M.

PVBLIVS VERGILIVS MARO

PÚBLIO VERGÍLIO MARO

BVCOLICA

I

MELIBOEVS

Tityre, tu patulae recubans sub tegmine fagi
siluestrem tenui musam meditaris auena;
nos patriae finis et dulcia linquimus arua;
nos patriam fugimus; tu, Tityre, lentus in umbra,
formosam resonare doces Amaryllida siluas. 5

TITYRVS

O Meliboee, deus nobis haec otia fecit:
namque erit ille mihi semper deus; illius aram
saepe tener nostris ab ouilibus imbuet agnus.
Ille meas errare boues, ut cernis, et ipsum
ludere quae uellem calamo permisit agresti. 10

MELIBOEVS

Non equidem inuideo, miror magis: undique totis
usque adeo turbatus agris! En ipse capellas
protinus aeger ago; hanc etiam uix, Tityre, duco:
hic inter densas corylos modo namque gemellos,
spem gregis, a! silice in nuda conixa reliquit. 15

BUCÓLICAS

I

MELIBEU

Títiro, reclinado sob a copa de frondosa faia,
tocas na flauta leve uma canção silvestre.
Quanto a mim, estou deixando os limites da Pátria e seus doces campos,
estou abandonando a minha Pátria. Tu, Títiro, indolente, na sombra,
ensinas as árvores a ressoar o nome da bela Amarílis. 5

TÍTIRO

Melibeu, foi um deus que me propôs um ócio tal.
Por isso, ele será sempre um deus para mim.
Um tenro cordeiro de meu aprisco banhará freqüentemente o seu altar.
Ele permitiu, como vês, que o meu gado pastasse livre
e que eu tocasse no cálamo agreste aquilo que desejasse. 10

MELIBEU

Não tenho inveja, é certo, mas me admiro. Existe um tumulto
por toda parte e em toda a extensão dos campos. Eu mesmo, abatido,
vou conduzindo minhas cabras para a frente. Esta aqui, Títiro,
eu levo com muita pena. Pariu há pouco, entre as densas aveleiras,
e deixou os filhotes na rocha nua: eram a esperança do rebanho! 15

Saepe malum hoc nobis, si mens non laeua fuisset,
de caelo tactas memini praedicere quercus.
Sed tamen iste deus qui sit, da, Tityre, nobis.

TITYRVS

Vrbem quam dicunt Romam, Meliboee, putaui
stultus ego huic nostrae similem, quo saepe solemus   20
pastores ouium teneros depellere fetus.
Sic canibus catulos similis, sic matribus haedos
noram, sic paruis componere magna solebam.
Verum haec tantum alias inter caput extulit urbes
Quantum lenta solent inter uiburna cupressi.   25

MELIBOEVS

Et quae tanta fuit Romam tibi causa uidendi?

TITYRVS

Libertas, quae sera tamen respexit inertem,
candidior postquam tondenti barba cadebat;
respexit tamen, et longo post tempore uenit,
postquam nos Amaryllis habet, Galatea reliquit.   30
Namque, fatebor enim, dum me Galatea tenebat,
nec spes libertatis erat, nec cura peculi.
Quamuis multa meis exiret uictima saeptis,
pinguis et ingratae premeretur caseus urbi,
non umquam grauis aere domum mihi dextra redibat.   35

Deveria lembrar-me, se minha mente não tivesse sido desatenta,
de que os carvalhos atingidos muitas vezes pelo raio nos prediziam
[desgraças.
Dize-me, entretanto, Títiro, quem seria esse deus.

TÍTIRO

Como um tolo, Melibeu, pensei que a cidade a que chamam Roma
era semelhante a esta nossa, para onde, nós pastores, muitas vezes, 20
costumamos levar os filhotinhos separados das ovelhas.
Julgava, assim, os cãezinhos semelhantes aos cães, e os cabritos
às mães; assim costumava confrontar grandes coisas com pequenas.
Mas esta cidade, realmente, elevou tanto a cabeça entre as demais
quanto os ciprestes costumam elevar entre os juncos flexíveis. 25

MELIBEU

E que motivo tão grande tiveste para ver Roma?

TÍTIRO

A liberdade que, embora tardia, me viu inerte
quando a minha barba caía mais branca, ao cortá-la.
Ela me viu, contudo, e chegou para mim depois de um longo tempo,
depois que Amarílis me domina e Galatéia me deixou. 30
Confesso, pois: enquanto Galatéia me retinha
não havia esperança de liberdade nem preocupação com pecúlio.
Embora muitas vítimas saíssem de meus cercados
e queijos gordos fossem feitos para a cidade ingrata,
minha mão nunca retornava a casa cheia de dinheiro. 35

MELIBOEVS

Mirabar quid maesta Deos, Amarylli, uocares,
cui pendere sua patereris in arbore poma:
Tityrus hinc aberat. Ipsae te, Tityre, pinus,
ipsi te fontes, ipsa haec arbusta uocabant.

TITYRVS

Quid facerem? Neque seruitio me exire licebat, 40
nec tam praesentis alibi cognoscere Diuos.
Hic illum uidi iuuenem, Meliboee, quotannis
bis senos cui nostra dies altaria fumant.
Hic mihi responsum primus dedit ille petenti:
"Pascite, ut antem boues, pueri; submittite tauros". 45

MELIBOEVS

Fortunate senex, ergo tua rura manebunt!
Et tibi magna satis, quamuis lapis omnia nudus
limosoque palus obducat pascua iunco;
non insueta grauis temptabunt pabula fetas,
nec mala uicini pecoris contagia laedent. 50
Fortunate senex, hic inter flumina nota
et fontis sacros frigus captabis opacum.
Hinc tibi, quae semper, uicino ab limite saepes
Hyblaeis apibus florem depasta salicti
saepe leui somnum suadebit inire susurro; 55
hinc alta sub rupe canet frondator ad auras;
nec tamen interea raucae, tua cura, palumbes,
nec gemere aeria cessabit turtur ab ulmo.

MELIBEU

Admirava-me, Amarílis, porque triste invocavas os Deuses
em favor daquele para quem deixavas pender os frutos nas árvores.
Títiro estava ausente. Até os pinheiros, Títiro,
até as fontes, até estes arbustos te chamavam.

TÍTIRO

Que haveria de fazer? Não me era permitido fugir da escravidão 40
nem conhecer, em outro lugar, Deuses tão favoráveis.
Foi lá que eu vi esse jovem, Melibeu, por quem, anualmente,
meu altar fumegará durante doze dias.
Foi ele o primeiro a me dar a resposta que eu desejava:
"Apascenta o teu gado como antes, meu rapaz. Subjuga teus touros". 45

MELIBEU

Homem feliz, pois que os campos permanecerão em tua posse!
E são bastante extensos para ti embora haja pedras expostas,
e alagados cubram as pastagens com limoso junco.
Pastos estranhos não seduzirão os animais prenhes,
nem lhes causará dano alguma doença contagiosa do gado vizinho. 50
Homem feliz, aqui, entre os rios que te são familiares
e as fontes sagradas, terás uma sombra fresca.
De um lado, a cerca viva que marca o limite com o campo vizinho,
e que é constantemente sugada pelas abelhas do Hibla,
te induzirá ao sono com o zumbido suave; 55
de outro, sob um elevado rochedo, o podador enviará seu canto
                                                       [aos ares.
Nesse meio tempo, nem as pombas roucas que são objeto de teu amor
nem as rolinhas deixarão de arrulhar do alto do olmeiro.

TITYRVS

Ante leues ergo pascentur in aethere cerui,
et freta destituent nudos in litore piscis, 60
ante pererratis amborum finibus exsul
aut Ararim Parthus bibet aut Germania Tigrim,
quam nostro illius labatur pectore uoltus.

MELIBOEVS

At nos hinc alii sitientis ibimus Afros,
pars Scythiam et rapidum cretae ueniemus Oaxen 65
et penitus toto diuisos orbe Britannos.
En unquam patrios longo post tempore finis,
pauperis et tuguri congestum caespite culmen,
post aliquot, mea regna uidens, mirabor aristas?
Impius haec tam culta noualia miles habebit? 70
Barbarus has segetes? En quo discordia ciuis
produxit miseros! His nos conseuimus agros!
Insere nunc, Meliboee, piros, pone ordine uitis!
Ite meae, felix quondam pecus, ite, capellae:
non ego uos posthac, uiridi proiectus in antro, 75
dumosa pendere procul de rupe uidebo;
carmina nulla canam; non, me pascente, capellae,
florentem cytisum et salices carpetis amaras.

TÍTIRO

Por essa razão, os cervos ligeiros pastarão no ar,
e os mares deixarão na praia seus pobres peixes, 60
o parto exilado beberá no Árar e o germano no Tigre,
depois de terem sido percorridos os seus territórios todos,
antes que a imagem daquele deus se apague de minha mente.

MELIBEU

Quanto a nós, partiremos daqui, uns para junto dos sedentos afros,
uma parte para a Cítia – e chegaremos ao rápido Oaxes, de argila branca, 65
ou à terra dos bretões, afastados de quase todo o mundo.
Será que, um dia, poderei admirar de novo, depois de muito tempo,
os territórios de minha Pátria, o colmo no teto de minha cabana,
e, além disso, ao contemplar meu reino, algumas espigas?
Um soldado impiedoso será o dono de uma propriedade tão bem
                                                      [cultivada? 70
Um bárbaro possuirá estas searas? Eis para onde a discórdia
levou os desgraçados cidadãos! Para eles nós semeamos nossos campos!
Vamos, Melibeu, enxerta as tuas pereiras, põe em ordem as videiras!
Ide, minhas cabrinhas, gado outrora tão feliz, ide embora.
Daqui por diante, não mais vos verei, deitado numa gruta verde, 75
encarapitadas ao longe, no alto de uma rocha coberta de relva.
Não entoarei canções, e vós, cabrinhas, não tosareis o codesso
                                                      [florescente
e os amargos salgueiros, sendo eu vosso pastor.

TITYRVS

Hic tamen hanc mecum poteras requiescere noctem
fronde super uiridi. Sunt nobis mitia poma, 80
castaneae molles et pressi copia lactis;
et iam summa procul uillarum culmina fumant,
maioresque cadunt altis de montibus umbrae.

4

Sicelides Musae, paulo maiora canamus;
non omnis arbusta iuuant humilesque myricae:
si canimus siluas, siluae sint consule dignae.
Vltima Cumaei uenit iam carminis aetas;
magnus ab integro saeclorum nascitur ordo. 5
Iam redit et Virgo, redeunt Saturnia regna;
iam noua progenies caelo demittitur alto.
Tu modo nascenti puero, quo ferrea primum
desinet ac toto surget gens aurea mundo,
casta, faue, Lucina: tuus iam regnat Apollo. 10
Teque adeo decus hoc aeui, te consule, inibit,
Pollio, et incipient magni procedere menses
te duce. Si qua manent sceleris uestigia nostri,
inrita perpetua soluent formidine terras.
Ille deum uitam accipiet diuisque uidebit 15
permixtos heroas et ipse uidebitur illis
pacatumque reget patriis uirtutibus orbem.
At tibi prima, puer, nullo munuscula cultu
errantis hederas passim cum baccare tellus
mixtaque ridenti colocasia fundet acantho. 20
Ipsae lacte domum referent distenta capellae
ubera, nec magnos metuent armenta leones;
ipsa tibi blandos fundent cunabula flores.

PÚBLIO VERGÍLIO MARO

TÍTIRO

Todavia, tu poderás descansar esta noite comigo
sobre uma folhagem nova. Tenho frutas maduras, 80
castanhas assadas e fartura de queijo;
os telhados das casas já estão fumegando, ao longe,
e as sombras caem mais alongadas do alto das montanhas.
                                                    Z.A.C.

4

Ó Musas da Sicília, cantemos coisas mais elevadas.
Os arbustos e os humildes tamarindos não agradam a todos.
Se cantamos florestas, que sejam as florestas dignas do cônsul.
   Já chegou a última época da profecia de Cumas:
surge novamente a grande ordem da totalidade dos séculos. 5
A Virgem já está de volta, voltam os reinos de Saturno,
uma nova geração é enviada do alto do céu.
Tu, casta Lucina, favorece o menino que nasceu há pouco;
por causa dele, a época de ferro desaparecerá
e a geração de ouro surgirá no mundo. Apolo é quem reina agora. 10
Sendo tu, ó Polião, sendo tu o cônsul, a glória desta idade avançará,
e os grandes meses começarão a correr, sendo tu o chefe.
Se permanecem alguns vestígios de nossos crimes,
serão apagados e libertarão as terras de um pavor eterno.
Ele receberá a vida dos Deuses e verá os heróis 15
misturados às divindades; ele próprio será visto entre elas
e regerá com as virtudes paternas o universo pacificado.
   E para ti, criança, a terra produzirá, sem cultura alguma,
pequenos presentes: heras que vicejam aqui e ali com nardos,
colocásias misturadas ao alegre acanto. 20
As próprias cabrinhas trarão de volta ao lar os úberes retesados
de leite, e os rebanhos não temerão os grandes leões.
Os próprios berços produzirão para ti mimosas flores.

Occidet et serpens, et fallax herba ueneni
occidet; Assyrium uolgo nascetur amomum.   25
At simul heroum laudes et facta parentis
iam legere et quae sit poteris cognoscere uirtus,
molli paulatim flauescet campus arista,
incultisque rubens pendebit sentibus uua,
et durae quercus sudabunt roscida mella.   30
Pauca tamen suberunt priscae uestigia fraudis,
quae temptare Thetim ratibus, quae cingere muris
oppida, quae iubeant telluri infindere sulcos.
Alter erit tum Tiphys, et altera quae uehat Argo
delectos heroas; erunt etiam altera bella,   35
atque iterum ad Troiam magnus mittetur Achilles.
　Hinc, ubi iam firmata uirum te fecerit aetas,
cedet et ipse mari uector, nec nautica pinus
mutabit merces; omnis feret omnia tellus.
Non rastros patietur humus, non uinea falcem;   40
robustus quoque iam tauris iuga soluet arator;
nec uarios discet mentiri lana colores,
ipse sed in pratis aries iam suaue rubenti
murice, iam croceo mutabit uellera luto;
sponte sua sandyx pascentis uestiet agnos.   45
　"Talia saecla" suis dixerunt "currite" fusis
concordes stabili fatorum numine Parcae.
　Adgredere o magnos (aderit iam tempus) honores,
cara Deum soboles, magnum Iouis incrementum!
Aspice conuexo nutantem pondere mundum,   50
terrasque tractusque maris caelumque profundum;
aspice uenturo laetantur ut omnia saeclo.
O mihi tum longae maneat pars ultima uitae,
spiritus et quantum sat erit tua dicere facta!
Non me carminibus uincat nec Thracius Orpheus,   55
nec Linus mater quamuis atque huic pater adsit,

A serpente morrerá, e morrerá a erva enganadora do veneno;
O amomo assírio nascerá em toda parte. 25
E assim que puderes ler os louvores dos heróis
e os feitos de teus ancestrais, e saber o que é o valor,
aos poucos, o campo amarelará com espigas maduras,
as uvas vermelhas penderão dos espinhais incultos
e os rudes carvalhos destilarão úmidos méis. 30
  Sobrarão, entretanto, alguns vestígios da maldade antiga,
capazes de ordenar que se afronte Tétis, com navios,
que se circundem as cidades com muros, que se abram sulcos na terra.
Haverá então outro Tífis e outra Argo que transportará
heróis escolhidos; e haverá também outras guerras 35
e mais uma vez um grande Aquiles será enviado a Tróia.
  E então, quando a juventude já te tiver tornado um homem,
não só o próprio comandante deixará o mar como também
[o pinho náutico
não mercadejará; a terra toda produzirá de tudo.
O solo não precisará suportar arados, nem as vinhas, foices; 40
e o lavrador robusto desprenderá os jugos do touro;
a lã não aprenderá a imitar cores diversas:
o próprio carneiro, no prado, transformará seu velo
em púrpura vermelha ou em dourado açafrão;
o escarlate, espontaneamente, vestirá os cordeiros que pastam. 45
  "Correi, séculos tais", disseram a seus fusos
as Parcas concordes com o imutável desejo dos fados.
  Ergue-te para as grandes honrarias – pois o tempo chegará –,
rebento querido dos Deuses, prole grandiosa de Júpiter.
Observa o universo oscilante em sua massa convexa, 50
as terras, as extensões do mar e o céu profundo.
Observa como tudo se alegra com o século que está por vir.
Que para mim se estenda a última parte de uma longa vida
e que o alento me seja suficiente para cantar os teus feitos.
O trácio Orfeu não me venceria com suas canções
e Lino também não, embora a mãe assista àquele e o pai a este: 55

Orphei Calliopea, Lino formosus Apollo.
Pan etiam Arcadia mecum si iudice certet,
Pan etiam Arcadia dicat se iudice uictum.
Incipe, parue puer, risu cognoscere matrem   60
(matri longa decem tulerunt fastidia menses);
incipe, parue puer: cui non risere parentes,
nec Deus hunc mensa, Dea nec dignata cubili est.

6

   Prima Syracosio dignata est ludere uersu
nostra, neque erubuit siluas habitare, Thalia.
Cum canerem reges et proelia, Cynthius aurem
uellit, et admonuit: "Pastorem, Tityre, pinguis
pascere oportet ouis, deductum dicere carmen".   5
Nunc ego (namque super tibi erunt, qui dicere laudes,
Vare, tuas cupiant, et tristia condere bella)
agrestem tenui meditabor harundine musam.
Non iniussa cano. Si quis tamen haec quoque, si quis
captus amore leget, te nostrae, Vare, myricae,   10
te nemus omne canet; nec Phoebo gratior ulla est
quam sibi quae Vari praescripsit pagina nomen.
   Pergite, Pierides. Chromis et Mnasylus in antro
Silenum pueri somno uidere iacentem,
inflatum hesterno uenas, ut semper, Iaccho;   15
serta procul tantum capiti delapsa iacebant,
et grauis attrita pendebat cantharus ansa.
Adgressi (nam saepe senex spe carminis ambo
luserat) iniciunt ipsis ex uincula sertis.
Addit se sociam timidisque superuenit Aegle.   20

Calíope, a Orfeu; o formoso Apolo, a Lino.
Até mesmo Pã, se disputasse comigo, sendo a Arcádia o juiz,
até mesmo Pã, sendo a Arcádia o juiz, se declararia vencido.
Começa, pequena criança, a reconhecer tua mãe pelo sorriso
(os dez meses trouxeram longos incômodos a tua mãe); 60
começa, pequena criança: aquele a quem os pais não sorriram,
os Deuses não o consideram digno de sua mesa nem as Deusas
[de seu leito.

Z.A.C.

6

A primeira a dignar-se a compor em versos rústicos,
não se envergonhando por morar no bosque, foi a nossa Talia.
Quando eu cantava reis e batalhas, Cíntio tocou-me a orelha
e me advertiu: "É mais oportuno, Títiro, que um pastor
apascente ovelhas gordas e entoe canções modestas". 5
Hoje, vou tocar uma ária agreste na flauta suave
pois que tu, Varo, terás, em grande número,
quem te deseje louvar ou celebrar tristes guerras.
Não canto o que não foi pedido. Mas se alguém ler meus versos,
se algum amante os ler, nossos tamarindos, Varo, 10
e o próprio bosque te cantarão. Nada é mais grato ao Deus Febo
que a página que ostenta o nome de Varo.
   Vamos, Piérides. Dois jovens, Crômis e Mnasilo,
viram Sileno adormecido no interior de uma gruta,
com as veias intumescidas como sempre, pelo vinho do dia anterior. 15
As grinaldas, arrancadas da cabeça, estavam atiradas longe
e um pesado cântaro pendia, sustentado pela velha asa.
Os recém-chegados o prendem com as próprias grinaldas,
[como algemas,
pois que o velho os enganara muitas vezes com a promessa
[de canções.
Egle se aproxima dos jovens encabulados, reunindo-se a eles. 20

Aegle, Naiadum pulcherrima, iamque uidenti
sanguineis frontem moris et tempora pingit.
Ille dolum ridens: "Quo uincula nectitis?" inquit.
"Soluite me, pueri; satis est potuisse uideri.
Carmina quae uoltis cognoscite; carmina uobis,　　　　　　　　　　25
huic aliud mercedis erit". Simul incipit ipse.
Tum uero in numerum Faunosque ferasque uideres
ludere, tum rigidas motare cacumina quercus.
Nec tantum Phoebo gaudet Parnasia rupes,
nec tantum Rhodope miratur et Ismarus Orphea.　　　　　　　　　　30

　　Namque canebat uti magnum per inane coacta
semina terrarumque animaeque marisque fuissent
et liquidi simul ignis; ut his exordia primis
omnia, et ipse tener mundo concreuerit orbis;
tum durare solum et discludere Nerea ponto　　　　　　　　　　35
coeperit, et rerum paulatim sumere formas;
iamque nouom terrae stupeant lucescere solem,
altius atque cadant submotis nubibus imbres,
incipiant siluae cum primum surgere, cumque
rara per ignaros errent animalia montis.　　　　　　　　　　40

　　Hinc lapides Pyrrhae iactos, Saturnia regna,
Caucasiasque refert uolucris, furtumque Promethei.
His adiungit Hylan nautae quo fonte relictum
clamassent, ut litus "Hyla, Hyla" omne sonaret;
et fortunatam, si numquam armenta fuissent,　　　　　　　　　　45
Pasiphaen niuei solatur amore iuuenci.
A! Virgo infelix, quae te dementia cepit!
Proetides implerunt falsis mugitibus agros;
at non tam turpis pecudum tamen ulla secuta
concubitus, quamuis collo timuisset aratrum,　　　　　　　　　　50
et saepe in leui quaesisset cornua fronte.

Era Egle a mais bela das Náiades. Com suco de amoras vermelhas
ela tinge a fronte e as têmporas do ancião que despertara.
Ele ri da brincadeira. E pergunta: "Por que me prendeis com laços?
Libertai-me, meninos. Basta que pareça que pudestes aprisionar-me.
Ouvi a canção que desejais. Para os moços, as canções; 25
para ela haverá uma outra recompensa". E começou a cantar.
Poderias ver, então, faunos e feras dançando com ritmo
e rígidos carvalhos sacudindo as copas.
As rochas do Parnaso não se agradam tanto com Febo;
o Ródope e o Ísmaro não admiram tanto a Orfeu. 30
   Sileno dizia, em seu canto, de que modo pela imensidão do vazio
tinham sido reunidas as sementes das terras, do ar, do mar
e do fogo; de que maneira tudo teve início nesses elementos
                                                           [primordiais
e como a própria matéria maleável do orbe do mundo endureceu:
o solo começou a solidificar-se, aprisionou Nereu no mar 35
e, pouco a pouco, foi assumindo a forma de todas as coisas.
Logo em seguida as terras veriam admiradas um novo sol luzir
e cairiam temporais das nuvens afastadas para o alto;
as primeiras florestas começariam a surgir enquanto raros animais
vaguefariam por montanhas que ainda não os tinham conhecido. 40
   Depois ele recorda as pedras arremessadas por Pirra,
os reinos de Saturno, as aves do Cáucaso e o roubo de Prometeu.
A estas histórias acrescenta a de Hilas, abandonado junto à fonte,
por quem os marinheiros chamaram até que a praia ecoasse:
                                                           ["Hilas! Hilas!"
E procura consolar Pasífae – feliz se jamais tivesse havido gado –, 45
em relação ao amor pelo touro cor de neve.
Pobre jovem! Que espécie de loucura se assenhoreou de ti?
As Prétides encheram os campos com falsos mugidos
mas nenhuma se interessou por torpes ligações com bois,
embora receassem que o arado lhes fosse preso ao pescoço 50
e muitas vezes procurassem chifres nas cabeças delicadas.

A! Virgo infelix, tu nunc in montibus erras:
ille, latus niueum molli fultus hyacintho,
ilice sub nigra pallentis ruminat herbas,
aut aliquam in magno sequitur grege. "Claudite Nymphae, 55
Dictaeae Nymphae, nemorum iam claudite saltus,
si qua forte ferant oculis sese obuia nostris
errabunda bouis uestigia: forsitan illum
aut herba captum uiridi aut armenta secutum
perducant aliquae stabula ad Cortynia uaccae". 60
   Tum canit Hesperidum miratam mala puellam;
tum Phaethontiadas musco circumdat amarae
corticis, atque solo proceras erigit alnos.
   Tum canit, errantem Permessi ad flumina Gallum
Aonas in montis ut duxerit una sororum, 65
utque uiro Phoebi chorus adsurrexerit omnis;
ut Linus haec illi diuino carmine pastor,
floribus atque apio crinis ornatus amaro,
dixerit: "Hos tibi dant calamos, en accipe, Musae,
Ascraeo quos ante seni; quibus ille solebat 70
cantando rigidas deducere montibus ornos.
His tibi Grynei nemoris dicatur origo,
ne quis sit lucus quo se plus iactet Apollo".
   Quid loquar aut Scyllam Nisi, quam fama secuta est
candida succinctam latrantibus inguina monstris 75
Dulichias uexasse rates, et gurgite in alto,
a, timidos nautas canibus lacerasse marinis,
aut ut mutaris Terei narrauerit artus,
quas illi Philomela dapes, quae dona pararit,
quo cursu deserta petiuerit, et quibus ante 80
infelix sua tecta super uolitauerit alis?
   Omnia, quae Phoebo quondam meditante beatus
audiit Eurotas iussitque ediscere laurus,

Pobre jovem! Tu agora vagueias pelos montes.
Ele, apoiando o flanco níveo sobre os jacintos mimosos,
rumina ervas esbranquiçadas sob um carvalho escuro
ou persegue uma novilha numa grande boiada. 55
"Fechai, ó Ninfas, Ninfas Dictéias, fechai as clareiras dos bosques!
Talvez os rastros do boi errante se ofereçam
a nossos olhos; talvez atraído
pela verde erva ou seguindo o rebanho,
alguma vaquinha o reconduza aos estábulos de Gortina". 60
 A seguir, Sileno canta a moça que admirava os pomos das
 [Hespérides;
depois, circunda as irmãs de Faetonte com musgo de amarga cortiça
e faz surgir da terra os elevados alnos;
depois relembra como uma das Musas levou para os montes Aônios
Galo, o poeta, que vagueava junto às águas do Permesso; 65
como todo o coro de Febo se levantou em homenagem a ele
e como Lino, o pastor de voz divina, lhe disse as palavras seguintes
com os cabelos enfeitados de flores e de aipo:
"As Musas te oferecem esta flauta que antes haviam ofertado
ao velho de Ascra. Aceita-a, vamos! Cantando com ela costumava fazer 70
com que os rígidos freixos descessem da montanha.
Por meio dela, que te seja contada a origem do bosque de Grínia
para que não haja outro bosque do qual Apolo se orgulhe mais".
 Que devo dizer agora? Que Cila, filha de Niso, acompanhada pela
 [Fama,
rechaçou os navios de Dulíquio, com os alvos flancos cingidos 75
de uma cinta de cães ladrantes, e dilacerou, nas profundezas,
os marinheiros amedrontados com a monstruosidade marinha?
Ou como ele mencionou os membros metamorfoseados de Tereu,
os pratos e banquetes que Filomela lhe preparou,
os caminhos pelos quais ela fugiu e diante de quem 80
voejou a infeliz, com suas asas, sobre a própria casa?
 Sileno canta tudo que o feliz Eurotas ouviu outrora
quando Febo compunha e ele mandou que os loureiros aprendessem

ille canit (pulsae referunt ad sidera ualles),
cogere donec ouis stabulis numerumque referre 85
iussit et inuito processit Vesper Olympo.

(os vales, atingidos pelo som, erguem-no até os astros);
enquanto isso, porém, Vésper exige que se recolham as ovelhas
[aos apriscos 85
e que sejam contadas, e avança em sua rota contra a vontade
[do Olimpo,
Z.A.C.

QVINTVS HORATIVS FLACCVS

QUINTO HORÁCIO FLACO

CARMINA

LIBER PRIMVS

3

   Sic te diua potens Cypri,
sic fratres Helenae, lucida sidera,
   uentorumque regat pater
obstrictis aliis praeter Iapyga,
   nauis, quae tibi creditum   5
debes Vergilium; finibus Atticis
   reddas incolumem precor
et serues animae dimidium meae.
   Illi robur et aes triplex
circa pectus erat, qui fragilem truci   10
   commisit pelago ratem
primus, nec timuit praecipitem Africum
   decertantem Aquilonibus
nec tristis Hyadas nec rabiem Noti,
   quo non arbiter Hadriae   15
maior, tollere seu ponere uolt freta.
   Quem mortis timuit gradum
qui siccis oculis monstra natantia,
   qui uidit mare turbidum et
infamis scopulos Acroceraunia?   20
   Nequicquam Deus abscidit
prudens Oceano dissociabili
   terras, si tamen impiae
non tangenda rates transiliunt uada.

ODES

PRIMEIRO LIVRO

3

Que a Deusa poderosa e senhora de Chipre,
que de Helena os irmãos, rutilantes estrelas,
e o pai dos ventos, tendo a todos prisioneiros,
mas não o Iápix favorável, a bom porto
te conduzam, ó nau, que me deves Vergílio, 5
que de ti confiei; suplico o restituas
são e salvo aos confins dos litorais da Ática
e me preserves a metade de minha alma.
Tinha carvalho e três de bronze duras lâminas
em volta ao peito o que, primeiro, ao mar bravio 10
ousado confiou uma frágil jangada;
o que não vacilou ante o vento Africano
num vórtice veloz de encontro aos Aquilões,
nem feias Híades temeu, nem fero Noto,
senhor maior que o qual não tem o Adriático, 15
quer queira encapelar, quer serenar as ondas...
De que aproximação da morte não tremeu
quem, sem lágrimas, viu esses monstros nadantes,
quem viu, primeiro, o mar nas fúrias da borrasca
e as fragas enfrentou de nome Acroceráunias. 20
Inutilmente um Deus sensato separou,
com o oceano divisor, as terras, se, contudo,
ímpios batéis os mares cruzam proibidos...

Audax omnia perpeti   25
gens humana ruit per uetitum nefas;
   audax Iapeti genus
ignem fraude mala gentibus intulit;
   post ignem aetheria domo
subductum macies et noua febrium   30
   terris incubuit cohors
semotique prius tarda necessitas
   leti corripuit gradum.
Expertus uacuum Daedalus aera
   pennis non homini datis;   35
perrupit Acheronta Herculeus labor.
   Nil mortalibus ardui est;
caelum ipsum petimus stultitia neque
   per nostrum patimur scelus
iracunda Iouem ponere fulmina.   40

5

Quis multa gracilis te puer in rosa
perfusus liquidis urget odoribus
      grato, Pyrrha, sub antro?
   Cui flauam religas comam,

simplex munditiis? Heu quotiens fidem   5
mutatosque Deos flebit et aspera
      nigris aequora uentis
   emirabitur insolens,

qui nunc te fruitur credulus aurea,
qui semper uacuam, semper amabilem   10
      sperat, nescius aurae
   fallacis. Miseri, quibus

Audaz em tudo ousar, a raça humana vai
precípite rompendo as leis, em sacrilégios. 25
Atrevido e falaz foi o filho de Jápeto,
quando em nefasto ardil trouxe aos povos o fogo.
Com o fogo roubado à etérea morada,
sobre a terra tombou a desgraça da fome
e estranha multidão de doenças sem nome... 30
E o outrora moroso implacável da morte,
tão distante até ali, amiudou seu passo.
Foi com ímpias asas ao homem não dadas
que Dédalo o vazio do espaço esquadrinhou.
Hércules, num trabalho, o Aqueronte rompeu. 35
Nada para os mortais existe de difícil.
Pedimos com loucura o próprio imenso céu,
nem deixamos jamais, por nosso sacrilégio,
que Júpiter descanse a ira de seus raios. 40

       A.A.P.

5

Quem é, ó Pyrrha, o jovem tão garboso
que, de fragrâncias fluidas banhado,
te enlaça, ó Pyrrha, numa doce gruta,
 sobre um leito de rosas?

Para quem tu, singela nos adornos,
a loira cabeleira recompões?
Ai! Vezes quantas há de lamentar 5
 a lealdade a ti,

os Deuses sem constância e, pouco afeito,
há de ver com assombro os mares crespos
das negras ventanias, aquele que
 te goza agora, ingênuo,

ilibada qual ouro, aquele que
néscio ainda das brisas da perfídia,
sempre isenta te crê de outros amores, 10
 sempre digna de amor!...

intemptata nites. Me tabula sacer
uotiua paries indicat uuida
    suspendisse potenti
  uestimenta maris Deo.

11

Tu ne quaesieris (scire nefas) quem mihi, quem tibi
finem Di dederint, Leuconoe, nec Babylonios
temptaris numeros. Vt melius quicquid erit pati!
Seu pluris hiemes seu tribuit Iuppiter ultimam,
quae nunc oppositis debilitat pumicibus mare
Thyrrhenum, sapias, uina liques et spatio breui
spem longam reseces. Dum loquimur, fugerit inuida
aetas: carpe diem, quam minimum credula postero.

13

  Cum tu, Lydia, Telephi
ceruicem roseam, cerea Telephi
  laudas bracchia, uae, meum
feruens difficili bile tumet iecur.
  Tunc nec mens mihi nec color

Como infelizes são os que deslumbras
porque jamais puderam te provar!
A parede do templo está mostrando,
   por um painel votivo,

que eu ali pendurei, oferta grata   15
ao poderoso Deus de nossos mares,
as vestimentas úmidas ainda
   de meu triste naufrágio...

                                    A.A.P.

II

Não buscarás, saber é proibido, ó Leucônoe,
que fim reservarão a mim, a ti os Deuses;
nem mesmo os babilônios números perscrutes...
Seja lá o que for, melhor é suportar!
Quer Júpiter nos dê ainda mil invernos,
quer venha a conceder apenas este último,
que agora estilha o mar Tirreno nos penhascos,   5
tem siso, os vinhos vai bebendo, e a esperança,
de muito longa, faz caber em curta vida.
Foge invejoso o tempo, enquanto conversamos.
Colhe o dia de hoje e não te fies nunca,
um momento sequer, no dia de amanhã...

                                    A.A.P.

13

Quando a Télefo, ó Lídia, o colo róseo louvas
e nos seus céreos braços tanto encanto encontras,
o fígado me ferve, ai! Lídia, inflado em bílis.
Já nem a minha mente, nem a minha cor   5

certa sede manet, umor et in genas
    furtim labitur, arguens
quam lentis penitus macerer ignibus.
    Vror, seu tibi candidos
turparunt umeros inmodicae mero   10
    rixae, siue puer furens
impressit memorem dente labris notam.
    Non, si me satis audias,
speres perpetuum dulcia barbare
    laedentem oscula, quae Venus   15
quinta parte sui nectaris imbuit.
    Felices ter et amplius
quos inrupta tenet copula nec malis
    diuolsus querimoniis
suprema citius soluet amor die.   20

14

O nauis, referent in mare te noui
fluctus. O quid agis? Fortiter occupa
    portum. Nonne uides ut
    nudum remigio latus,

et malus celeri saucius Africo   5
antemnaeque gemant ac sine funibus
    uix durare carinae
    possint imperiosius

aequor? Non tibi sunt integra lintea,
non di, quos iterum pressa uoces malo.   10
    Quamuis Pontica pinus,
    siluae filia nobilis,

iactes et genus et nomen inutile:
nil pictis timidus nauita puppibus
    fidit. Tu, nisi uentis   15
    debes ludibrium, caue.

em sede certa assentam; mas, rolando a furto
pelo meu rosto, bem as lágrimas revelam
o quanto em lento fogo inteiro me definho.
Ardo em ciúme, se te vejo os brancos ombros
macerados nas lutas lascivas do amor
regado a vinho, ou se nos lábios inda levas,
marcado a dente, o sensual furor de um jovem.
Se bem me ouvisses, Lídia, nunca havias de crer
que há de eterno ser o que, barbaramente,
ousa ferir os doces beijos onde Vênus
a quintessência derramou de suas delícias.
Por três vezes felizes e mais os que um laço
indissolúvel liga; os que um sólido amor,
que danosas contendas não podem romper,
jamais desligará primeiro que lhes chegue o último dia.
A.A.P.

14

Ao mar te retornam, ó nau, novas ondas!
Que fazes? Ocupa com força o teu porto.
Acaso não vês como nus os teus flancos
de remos estão? Por acaso não vês
o mastro ferido do Áfrico atroz
e as vergas gemendo e as quilhas sem cordas,
apenas capazes de um mar mais feroz?
Não trazes inteiras as velas, nem Deuses
que possas de novo em tormenta invocar.
Ainda que pinho do Ponto tu sejas,
embora oriunda de nobre floresta,
de raça e de nome não úteis te ufanes,
medroso, o piloto nas popas pintadas
não quer se fiar... Tu mesma, se aos ventos
não queres de escárnio servir, toma tento.

Nuper sollicitum quae mihi taedium,
nunc desiderium curaque non leuis,
　　interfusa nitentis
　　uites aequora Cycladas.   20

33

Albi, ne doleas plus nimio memor
inmitis Glycerae neu miserabilis
decantes elegos, cur tibi iunior
　　laesa praeniteat fide.

Insignem tenui fronte Lycorida   5
Cyri torret amor, Cyrus in asperam
declinat Pholoen: sed prius Apulis
　　iungentur capreae lupis

quam turpi Pholoe peccet adultero.
Sic uisum Veneri, cui placet imparis   10
formas atque animos sub iuga aenea
　　saeuo mittere cum ioco.

Ipsum me melior cum peteret Venus,
grata detinuit compede Myrtale
libertina, fretis acrior Hadriae   15
　　curuantis Calabros sinus.

Desgosto me foste penoso até pouco
e agora és desvelo e cuidado não leves;
evita, eu te peço, este mar derramado
por entre a brancura marmórea das Cícladas. 20
     A.A.P.

33

Não te doas, ó Álbio, em demasia,
lembrando-te da Glícera cruel,
nem descantes em cantos lamuriosos,
porque um mais jovem te levou vantagem
na lealdade de um amor lesado.

Pelo estreito da fronte celebrada 5
arde em amor Licóride por Ciro;
mas Ciro pende apenas para Fóloe,
a áspera de amar; antes, porém,
da Apúlia aos lobos se unirão as cabras
do que Fóloe ceda ao torpe amante.
Assim aprouve a Vênus que, brincando, 10
agrada-se, cruel, em sujeitar
ao mesmo jugo de um amor de bronze
corpos e almas sempre desiguais.

Eu mesmo, de uma Vênus bem mais linda
pretendido, deixei-me dominar
das gostosas cadeias de Mirtal,
essa liberta mais irritadiça
que as vagas enraivadas do Adriático, 15
que os recôncavos cavam da Calábria...
     A.A.P.

37

Nunc est bibendum, nunc pede libero
pulsanda tellus, nunc Saliaribus
    ornare puluinar deorum
  tempus erat dapibus, sodales.

Antehac nefas depromere Caecubum
cellis auitis, dum Capitolio
    regina dementis ruinas
  funus et imperio parabat

contaminato cum grege turpium
morbo uirorum, quidlibet impotens
    sperare fortunaque dulci
  ebria. Sed minuit furorem

uix una sospes nauis ab ignibus,
mentemque lymphatam Mareotico
    redegit in ueros timores
  Caesar, ab Italia uolantem

remis adurgens, accipiter uelut
mollis columbas aut leporem citus
    uenator in campos niualis
  Haemoniae, daret ut catenis

fatale monstrum. Quae generosius
perire quaerens nec muliebriter
    expauit ensem nec latentis
  classe cita reparauit oras,

ausa et iacentem uisere regiam
uoltu sereno, fortis et asperas
    tractare serpentes, ut atrum
  corpore conbiberet uenenum,

37

Agora é bebermos, agora é pulsarmos,
sem peias nos pés, este chão e aos coxins
dos Deuses levarmos a sália oferenda.
Ilícito foi até hoje tirarmos
de adegas paternas o cécubo vinho,
enquanto a Rainha, de orgulho arrojada
a tudo sonhar, na ebriedade da sorte
propícia, com um bando enfermiço de homens
infames, ruínas armava insensatas
ao grão Capitólio e a morte, ao Império.
Porém, quando apenas do incêndio restou
sua única nau, abrandou-se-lhe a fúria
e César a um medo real reduziu
sua mente embalada nos vinhos da Líbia;
e, para em grilhões pôr o monstro fatal,
enquanto ela voa fugindo da Itália,
à força de remos, de perto a persegue,
tal qual o milhafre a seguir frágeis pombas
ou qual caçador que, nos campos da Hemônia
regélida, agílimo encalça uma lebre.
Foi ela que, em busca de morte mais nobre,
mulher, não tremeu de uma espada enfrentar,
nem praias ocultas, com a armada veloz,
na fuga tentou; mas de rosto sereno
ousou assistir ao palácio em ruínas,
ousou, valorosa, nas mãos empunhar
as ásperas áspides que o atro veneno
no corpo entranhassem. Por isso, inda mais

deliberata morte ferocior:
saeuis Liburnis scilicet inuidens
    priuata deduci superbo,
  non humilis mulier, triumpho.

LIBER SECVNDVS

3

Aequam memento rebus in arduis
seruare mentem, non secus in bonis
    ab insolenti temperatam
  laetitia, moriture Delli,

seu maestus omni tempore uixeris
seu te in remoto gramine per dies
    festos reclinatum bearis
  interiore nota Falerni.

Quo pinus ingens albaque populus
umbram hospitalem consociare amant
    ramis? Quid obliquo laborat
  lympha fugax trepidare riuo?

Huc uina et unguenta et nimium breuis
flores amoenae ferre iube rosae,
    dum res et aetas et Sororum
  fila trium patiuntur atra.

Cedes coemptis saltibus et domo
uillaque, flauus quam Tiberis lauit,
    cedes, et exstructis in altum
  diuitiis potietur heres.

altiva na morte que pôde escolher,
roubou aos terríveis navios dos liburnos,   30
sem dúvida, a glória de a Roma em triunfo
levar como simples mulher, despojada
de tudo, a rainha famosa do Egito.
                    A.A.P.

SEGUNDO LIVRO

3

Lembra-te de manter, ó morituro Délio,
na amarga desventura, o ânimo sereno,
bem como de afastá-lo, nas horas favoráveis
   de excessos de alegria,

quer venhas a viver só tristezas na vida,   5
quer, em dias de festa, na relva deitado,
possas beber tranqüilo a tua felicidade
   num ótimo Falerno.

Para que o altivo pinho e o branco choupo gostam
de a sombra hospitaleira entrelaçar dos ramos?   10
Por que fugaz se esforça a linfa em ir fluindo,
   nas curvas de um regato?

Manda levar ali os vinhos e os perfumes
e da roseira amena as flores tão efêmeras,
enquanto o permitir dinheiro, idade e, infaustos,   15
   os fios das três Irmãs.

Tu deixarás, ó Délio, os bosques que compraste,
e a casa e a quinta, que o dourado Tibre banha,
deixarás; e a riqueza aos montes cumulada,
     teu herdeiro a terá.   20

Diuesne prisco natus ab Inacho
nil interest an pauper et infima
    de gente sub diuo moreris,
  uictima nil miserantis Orci;

omnes eodem cogimur, omnium   25
uersatur urna serius ocius
    sors exitura et nos in aeternum
  exilium impositura cumbae.

10

Rectius uiues, Licini, neque altum
semper urgendo neque, dum procellas
cautus horrescis, nimium premendo
    litus iniquom.

Auream quisquis mediocritatem   5
diligit, tutus caret obsoleti
sordibus tecti, caret inuidenda
    sobrius aula.

Saepius uentis agitatur ingens
pinus et celsae grauiore casu   10
decidunt turres feriuntque summos
    fulgura montis.

Sperat infestis, metuit secundis
alteram sortem bene praeparatum
pectus. Informis hiemes reducit   15
    Juppiter, idem

summouet. Non, si male nunc, et olim
sic erit: quondam cithara tacentem
suscitat Musam neque semper arcum
    tendit Apollo.   20

Se és rico e descendente te crês do prisco Ínaco,
ou se és pobre e ralé e a céu aberto moras,
nada importa, uma vez que és vítima votada
    ao Orco impiedoso.

Para o mesmo lugar somos todos tangidos
e a sorte, que mais cedo ou mais tarde há de vir,
e há de na barca pôr-nos para o eterno exílio,
    já na urna se agita.

A.A.P.

10

Bem sábia levarás, ó Licínio, esta vida,
se para o alto-mar não te arrojares sempre,
nem, temendo as tormentas, de ti cuidadoso,
te acercares demais dos escolhos da costa.

Quem quer que tenha amor ao áureo meio-termo,
a salvo se verá das sordícias de um teto
em ruínas; mas, também, moderado, liberto
estará de palácios que a inveja estimulam.

É o pinheiro alteroso que aos ventos se agita
com freqüência maior; são as torres mais altas
que desabam ao chão com mais peso e fragor;
são os cimos dos montes que os raios mais ferem.

A alma bem formada, em momentos difíceis,
espera, mas receia, em momentos felizes,
a mudança da sorte. E, se Júpiter traz
de novo o fosco inverno, ele mesmo o remove.

Se agora estamos mal, não será sempre assim...
Apolo, alguma vez, com a cítara incentiva
a Musa adormecida e o arco não permite
que sempre retesado e pronto permaneça.

Rebus angustis animosus atque
fortis appare; sapienter idem
contrahes uento nimium secundo
 turgida uela.

 18

 Non ebur neque aureum
mea renidet in domo lacunar;
 non trabes Hymettiae
premunt columnas ultima recisas
 Africa, neque Attali 5
ignotus heres regiam occupaui,
 nec Laconicas mihi
trahunt honestae purpuras clientae.
 At fides et ingeni
benigna uena est pauperemque diues 10
 me petit; nihil supra
deos lacesso nec potentem amicum
 largiora flagito,
satis beatus unicis Sabinis.
 Truditur dies die 15
nouaeque pergunt interire lunae;
 tu secanda marmora
locas sub ipsum funus et sepulcri
 inmemor struis domos
marisque Bais obstrepentis urges 20
 summouere litora,
parum locuples continente ripa.
 Quid quod usque proximos
reuellis agri terminos et ultra
 limites clientium 25

Mostra-se destemido e forte, no infortúnio,
e, de maneira igual, convém prudentemente
as velas recolher, se túrgidas se enfunam
com ventos de feição, por demais favoráveis.
                              A.A.P.

18

    Nem marfim nem áureo teto
rebrilham ricamente em minha casa,
    nem arquitraves do Himeto
descansam em colunas recortadas
    nos africanos confins.
Nem como ignoto herdeiro me instalei
    de Átalo em fausto palácio;
nem para mim clientes bem-nascidas
    fiam púrpuras lacônias.
Mas consideração eu tenho e veia
    de algum talento fecunda,
e a mim, que pobre sou, o rico busca.
    Nada mais peço que isso
aos Deuses, nem ao poderoso amigo
    bens mais amplos solicito,
já que a felicidade mora inteira
    na minha herdade Sabina.
Um dia expulsa o outro e as luas novas
    continuam a morrer...
Tu, a um passo da morte, arrendas mármores,
    para que sejam talhados,
e, da tumba esquecido, ergues mansões;
    em recuar tu te empenhas
as praias para o mar que em Baias brame,
    não feliz com a terra firme...
E ainda... Por que arrancas, sem cessar,
    marcos do campo vizinho
e, cúpido, ultrapassas os limites
    dos teus humildes clientes?

salis auarus? Pellitur paternos
    in sinu ferens deos
et uxor et uir sordidosque natos.
    Nulla certior tamen
rapacis Orci fine destinata 30
    aula diuitem manet
erum. Quid ultra tendis? Aequa tellus
    pauperi recluditur
regumque pueris, nec satelles Orci
    callidum Promethea 35
reuexit auro captus. Hic superbum
    Tantalum atque Tantali
genus coercet, hic leuare functum
    pauperem laboribus
uocatus atque non uocatus audit. 40

LIBER TERTIVS

9

    "Donec gratus eram tibi
nec quisquam potior bracchia candidae
    ceruici iuuenis dabat,
Persarum uigui rege beatior".
    "Donec non alia magis 5
arsisti neque erat Lydia post Chloen,
    multi Lydia nominis,
Romana uigui clarior Ilia".

A mulher e o marido são expulsos,
    transportando no regaço
Deuses paternos e andrajosos filhos...
    Nenhum palácio, entretanto,
mais certo espera o rico usurpador,
    que o que lhe foi destinado
pela avidez do inevitável Orco. 30
    Abre-se a terra igualmente
ao pobre e para os filhos dos monarcas.
    Nem mesmo o guarda do Inferno,
pelos brilhos do ouro seduzido,
    deixou voltar Prometeu, 35
tão astuto. É Caronte que ao soberbo
    Tântalo e à raça detém.
Para aliviar o pobre que cumpriu
    as agruras desta vida,
chamado ou não chamado, sempre atende... 40

                A.A.P.

TERCEIRO LIVRO

9

— Enquanto agradável te era
e jovem nenhum mais querido
os braços lançava a teu colo
de cândido encanto formoso,
feliz, mais feliz que um rei persa,
feliz, mais feliz eu vivi.

— Enquanto por outra mulher 5
não mais que por mim te abrasaste,
nem Lídia ficava após Cloé,
eu, Lídia, de grande renome,
feliz mais que a Ília romana,
feliz, mais feliz eu vivi.

"Me nunc Thressa Chloe regit,
dulcis docta modos et citharae sciens,
    pro qua non metuam mori,
si parcent animae fata superstiti".
    "Me torret face mutua
Thurini Calais filius Ornyti,
    pro quo bis patiar mori,
si parcent puero fata superstiti".
    "Quid si prisca redit Venus
diductosque iugo cogit aeneo,
    si flaua excutitur Chloe
reiectaeque patet ianua Lydiae?"
    "Quamquam sidere pulchrior
ille est, tu leuior cortice et inprobo
    iracundior Hadria,
tecum uiuere amem, tecum obeam lubens".

13

O fons Bandusiae splendidior uitro,
dulci digne mero non sine floribus,
    cras donaberis haedo,
    cui frons turgida cornibus

— Domina-me agora uma trácia,
Cloé, instruída em canções
tão doces e hábil na cítara.
Por ela morrer não temia,
se os fados poupassem a vida
à minha metade da alma...

— É Cálais que agora me abrasa,
o filho de Ornito Turino,
num mútuo fogo de amor.
Por ele duas vezes morria,
se ao jovem os fados lhe dessem
por minha morte a sua vida...

— Porém, que farás se voltar
o amor do passado e com laços
de bronze os distantes unir?
Se a loira Cloé despedir-se
e à Lídia outrora deixada
a porta de novo se abrir?

— Embora seja ele formoso
bem mais que uma estrela e tu sejas
bem mais que uma folha volúvel
e venças na ira o Adriático,
contigo amaria viver,
contigo feliz morreria...

       A.A.P.

13

Ó fonte de Bandúsia, ó água de cristal,
digna de puro e doce vinho, não sem flores,
amanhã de presente um cabrito terás,
ao qual a fronte, apenas túrgida dos chifres,

primis et uenerem et proelia destinat. 5
Frustra: nam gelidos inficiet tibi
    rubro sanguine riuos
  lasciui suboles gregis.

Te flagrantis atrox hora Caniculae
nescit tangere, tu frigus amabile 10
    fessis uomere tauris
  praebes et pecori uago.

Fies nobilium tu quoque fontium
me dicente cauis impositam ilicem
    saxis, unde loquaces 15
  lymphae desiliunt tuae.

30

Exegi monumentum aere perennius
regalique situ pyramidum altius,
quod non imber edax, non Aquilo inpotens
possit diruere aut innumerabilis
annorum series et fuga temporum. 5
Non omnis moriar multaque pars mei
uitabit Libitinam; usque ego postera
crescam laude recens, dum Capitolium
scandet cum tacita uirgine pontifex.
Dicar, qua uiolens obstrepit Aufidus 10
et qua pauper aquae Daunus agrestium
regnauit populorum, ex humili potens
princeps Aeolium carmen ad Italos
deduxisse modos. Sume superbiam
quaesitam meritis et mihi Delphica 15
lauro cinge uolens, Melpomene, comam.

faz prenúncios de lutas, de lutas de amor. 5
Promessas vãs! Que o filho do indócil rebanho
tingir-te-á de rubro sangue as frescas águas.
A penosa estação da canícula ardente
não te pode atingir; tu aos touros cansados 10
da charrua e ao rebanho indolente e erradio
o frescor ofereces gostoso da sombra.
Uma também das fontes célebres serás,
enquanto neste canto a azinheira celebro
que no côncavo cresce dos altos rochedos, 15
de onde caem contentes tuas águas cantantes...
                        A.A.P.

30

Um monumento ergui mais perene que o bronze,
mais alto que o real colosso das pirâmides.
Nem a chuva voraz vingará destruí-lo,
nem o fero Aquilão, nem a série sem número
dos anos que se vão fugindo pelos tempos... 5
Não morrerei de todo e boa parte de mim
há de escapar, por certo, à Deusa Libitina.
Crescerei sempre mais, remoçando-me sempre,
no aplauso do futuro, enquanto ao Capitólio
silenciosa ascender a virgem e o pontífice.
Celebrado serei, ali onde estrondeia
o Áufido impetuoso e onde Dauno reinou 10
sobre rústicos povos, em áridas terras,
como o primeiro que, de humilde feito ilustre,
o canto eólio trouxe às cadências da Itália.
O justo orgulho por teu mérito alcançado,
ó Melpômene, assume e, propícia, dispõe-te
a cingir-me os cabelos com délficos louros. 15
                        A.A.P.

LIBER QVARTVS

7

Diffugere niues, redeunt iam gramina campis
    arboribusque comae;
mutat terra uices et decrescentia ripas
    flumina praetereunt;
gratia cum Nymphis geminisque sororibus audet 5
    ducere nuda choros.
Inmortalia ne speres, monet annus et almum
    quae rapit hora diem.
Frigora mitescunt Zephyris, uer proterit aestas,
    interitura simul 10
pomifer autumnus fruges effuderit, et mox
    bruma recurrit iners.
Damna tamen celeres reparant caelestia lunae:
    nos ubi decidimus
quo pater Aeneas, quo diues Tullus et Ancus, 15
    puluis et umbra sumus.
Quis scit an adiciant hodiernae crastina summae
    tempora di superi?
Cuncta manus auidas fugient heredis, amico
    quae dederis animo. 20
Cum semel occideris et de te splendida Minos
    fecerit arbitria,
non, Torquate, genus, non te facundia, non te
    restituet pietas;
infernis neque enim tenebris Diana pudicum 25
    liberat Hippolytum,
nec Lethaea ualet Theseus abrumpere caro
    uincula Pirithoo.

Quinto Horácio Flaco

QUARTO LIVRO

7

A neve foi-se embora e está de volta aos campos
   a relva e às árvores, as folhas.
Da terra se refaz a face e os rios, minguando,
   correm contidos pelas margens.
A Graça e as duas irmãs e as Ninfas já se atrevem 5
   a conduzir os coros, nuas.
Dizem-te o ano e a hora, em que se vai o dia,
   que não esperes o imortal.
Suavizam-se os frios com os Zéfiros brandos
   e o estio, que vai morrer, tão logo 10
o pomífero outono houver brotado as messes,
   vem destruir a primavera;
e rápida retorna a inércia de outro inverno.
   Mas no passar das luas céleres
têm os males do céu um reparo seguro.
   Nós, quando ao abismo tombamos,
em que Enéias tombou com o rico Tulo e Anco, 15
   não mais que pó e sombra somos.
Quem sabe se ao total de hoje os altos Deuses
   hão de somar um amanhã?
Tudo quanto a ti próprio te deres, às mãos
   escapará do ávido herdeiro. 20
Quando te vier a morte e Minos sobre ti
   solenes sentenças ditar,
nem estirpe, ó Torquato, ou facúndia ou virtude
   à vida te vão devolver...
Pôde acaso Diana ao impoluto Hipólito 25
   das trevas tirar infernais?
Nem Teseu conseguiu as cadeias do Lete
   ao caro Pirítoo quebrar.

                        A.A.P.

13

Audiuere, Lyce, Di mea uota, Di
audiuere, Lyce: fis anus, et tamen
    uis formosa uideri
  ludisque et bibis impudens

et cantu tremulo pota Cupidinem   5
lentum sollicitas. Ille uirentis et
    doctae psallere Chiae
  pulchris excubat in genis.

Importunus enim transuolat aridas
quercus et refugit te quia luridi   10
    dentes, te quia rugae
  turpant et capitis niues.

Nec Coae referunt iam tibi purpurae
nec cari lapides tempora, quae semel
    notis condita fastis   15
  inclusit uolucris dies.

Quo fugit Venus, heu, quoue color, decens
quo motus? Quid habes illius, illius,
    quae spirabat amores,
  quae me surpuerat mihi,   20

felix post Cinaram notaque et artium
gratarum facies? Sed Cinarae breuis
    annos fata dederunt,
  seruatura diu parem

cornicis uetulae temporibus Lycen,   25
possent ut iuuenes uisere feruidi
    multo non sine risu
  dilapsam in cineres facem.

13

Ouviram, Lice, os Deuses minha prece, os Deuses
ouviram, Lice: velha te tornas e, contudo,
    queres bonita parecer
  e brincas e bebes, sem pejo;

em trêmula canção, tu, ébria, solicitas
um dormente Cupido – e, no entanto, ele vela
    nas faces formosas de Quia,
  tão jovem e hábil na cítara...

Altivo o amor transvoa os carvalhos já secos
e refoge de ti, porquanto já te enfeiam
    o tom opaco de teus dentes,
  as rugas e as neves da fronte.

Nem púrpuras de Cós, nem as jóias amadas
te restituirão os anos que, de vez,
    o tempo alígero trancou
  nos públicos fastos sepultos.

Para onde, ai!, fugiu teu encanto e tua cor,
para onde, teus gráceis meneios? Que tens
    daquela, daquela que amores
  me dava e que a mim me roubara,

ó beleza feliz, vencida só de Cínara,
e célebre também pelos dons sedutores?
    Mas deram os fados a Cínara
  tão poucos anos, tencionando

manter por muita vida Lice, gralha velha,
para que jovens abrasados ver pudessem,
    na zombaria das gargalhadas,
  um facho a cinzas reduzido...

                    A.A.P.

EPODON LIBER

I

Ibis Liburnis inter alta nauium,
   amice, propugnacula,
paratus omne Caesaris periculum
   subire, Maecenas, tuo.
Quid nos, quibus te uita si superstite   5
   iucunda, si contra, grauis?
Vtrumne iussi persequemur otium
   non dulce, ni tecum simul,
an hunc laborem mente laturi, decet
   qua ferre non mollis uiros?   10
Feremus, et te uel per Alpium iuga,
   inhospitalem et Caucasum,
uel Occidentis usque ad ultimum sinum
   forti sequemur pectore.
Roges, tuum labore quid iuuem meo   15
   inbellis ac firmus parum?
Comes minore sum futurus in metu,
   qui maior absentis habet,
ut assidens inplumibus pullis auis
   serpentium adlapsus timet   20
magis relictis, non, ut adsit, auxili
   latura plus praesentibus.
Libenter hoc et omne militabitur
   bellum in tuae spem gratiae,

EPODOS

I

Irás, em liburnas, entre navios de altas
   torres, amigo,
disposto a enfrentar todos os riscos de César,
   ó Mecenas, com teu próprio risco.
E quanto a nós, para quem a existência só será agradável 5
   se estiveres vivo, caso contrário, um peso?
Por acaso, obedientes, estenderemos um ócio
   que não é doce senão ao lado teu,
ou esta missão havemos de cumprir, com a firmeza
   digna de homens de fibra? 10
Nós a cumpriremos, e a ti, quer pelos cimos dos Alpes
   como pelo inóspito Cáucaso,
quer até o mais remoto golfo do Ocidente,
   com decidido ânimo seguiremos.
Perguntarás, talvez: em que eu, não nascido para a guerra 15
   e pouco resistente, poderia ajudar com meu trabalho o teu?
Acompanhando-te, experimentarei um receio menor,
   que se torna maior na ausência,
tal como, velando pelos filhotes implumes, a ave
   teme mais a aproximação das serpentes 20
quando os deixou, embora, junto deles,
   não lhes possa ser útil com sua presença.
De boa vontade, seremos soldados nesta e em qualquer guerra,
   na esperança de agradar-te,

non ut iuuencis illigata pluribus 25
    aratra nitantur meis
pecusue Calabris ante sidus feruidum
    Lucana mutet pascuis,
neque ut superni uilla candens Tusculi
    Circaea tangat moenia. 30
Satis superque me benignitas tua
    ditauit; haud parauero
quod aut auarus ut Chremes terra premam,
    discinctus aut perdam nepos.

2

"Beatus ille qui procul negotiis,
    ut prisca gens mortalium
paterna rura bobus exercet suis,
    solutus omni fenore,
neque excitatur classico miles truci 5
    neque horret iratum mare,
forumque uitat et superba ciuium
    potentiorum limina.
Ergo aut adulta uitium propagine
    altas maritat populos, 10
aut in reducta ualle mugientium
    prospectat errantis greges,
inutilisque falce ramos amputans
    feliciores inserit,
aut pressa puris mella condit amphoris, 15
    aut tondet infirmas ouis;
uel, cum decorum mitibus pomis caput
    Autumnus agris extulit,
ut gaudet insitiua decerpens pira
    certantem et uuam purpurae, 20

não para que, atrelados a numerosos novilhos meus, 25
   se esforcem os arados,
ou um rebanho, antes da constelação abrasante,
   troque os pastos da Calábria pelos da Lucânia,
nem para que minha quinta, resplendente de brancura,
   confine com os muros circeus da elevada Túsculo. 30
Bastante, e até demais, a tua generosidade
   me enriqueceu; não ajuntarei dinheiro
para, como o avarento Cremes, esconder debaixo da terra,
   ou jogar fora, como um negligente esbanjador.

                                                          P.S.V.

2

"Feliz aquele que, longe dos negócios,
   como a antiga raça de mortais,
faz trabalhar seus bois nos campos paternos,
   livre de toda usura,
e não o acorda, qual a um soldado, a cruel trombeta, 5
   nem teme o mar bravio,
e evita o fórum e os soberbos limiares
   dos poderosos.
Ele, então, ou enlaça os crescidos rebentos das videiras
   aos altos choupos, 10
ou, no retirado vale, contempla
   os errantes rebanhos mugidores
e, podando com a foice os estéreis,
   enxerta ramos mais férteis,
ou guarda em ânforas limpas os favos de mel espremidos 15
   ou tosquia as frágeis ovelhas.
Mas, quando a sua cabeça ornada com doces frutos
   ergue nos campos o Outono,
como se alegra ao colher as peras enxertadas
   e a uva rivalizando com a púrpura, 20

qua muneretur te, Priape, et te, pater
    Siluane, tutor finium.
Libet iacere modo sub antiqua ilice,
    modo in tenaci gramine;
labuntur altis interim ripis aquae,   25
    queruntur in siluis aues,
fontesque lymphis obstrepunt manantibus,
    somnos quod inuitet leuis.
At cum tonantis annus hibernus Iouis
    imbres niuesque comparat,   30
aut trudit acris hinc et hinc multa cane
    apros in obstantis plagas
aut amite leui rara tendit retia,
    turdis edacibus dolos,
pauidumque leporem et aduenam laqueo gruem   35
    iucunda captat praemia.
Quis non malarum quas amor curas habet
    haec inter obliuiscitur?
Quodsi pudica mulier in partem iuuet
    domum atque dulcis liberos,   40
Sabina qualis aut perusta solibus
    pernicis uxor Apuli,
sacrum uestustis exstruat lignis focum
    lassi sub aduentum uiri
claudensque textis cratibus laetum pecus   45
    distenta siccet ubera
et horna dulci uina promens dolio
    dapes inemptas apparet,
non me Lucrina iuuerint conchylia
    magisue rhombus aut scari,   50
siquos Eois intonata fluctibus
    hiems ad hoc uertat mare,
non Afra auis descendat in uentrem meum,
    non attagen Ionicus

para te presentear, Priapo, e a ti, ó pai
  Silvano, protetor dos limites.
Agradável é deitar-se, ora sob uma azinheira antiga,
  ora na relva densa;
enquanto isso, em altas margens deslizam as águas, 25
  gemem, nas florestas, os pássaros,
e as nascentes murmuram com o escorrer de suas linfas
  – o que convida a sonos leves.
Quando, porém, a estação invernal do trovejante Júpiter
  chuvas e neves acumula, 30
ou ele impele, para aqui e para ali, com a matilha numerosa,
  os javalis ferozes de encontro às redes,
ou, com leve forquilha, estende tênues arapucas,
  armadilhas para os tordos gulosos,
e à assustada lebre e ao grou de arribação 35
  captura, agradáveis presas.
Quem as más inquietações do amor
  não esquece, em meio a tudo isso?
E se uma virtuosa mulher ajudasse, por seu lado,
  a cuidar da casa e dos filhos queridos; 40
qual a sabina ou, bronzeada pelos sóis,
  a esposa do ágil apúlio,
enchesse de maneira seca o altar sagrado,
  na hora da chegada do marido cansado;
cerrando em cercados de vime o gordo rebanho, 45
  lhe secasse os úberes cheios;
e, tirando os vinhos do ano de um doce tonel,
  preparasse a refeição não comprada,
maior prazer não me trariam as ostras do lago Lucrino
  ou o rodovalho, ou sargos, 50
se, por acaso, a tempestade invernal, retumbando sobre as ondas
                            [do Oriente,
  desviasse alguns para este mar;
não desceriam para o meu estômago a ave da África,
  nem a galinha da Jônia

iucundior, quam lecta de pinguissimis 55
  oliua ramis arborum,
aut herba lapathi prata amantis et graui
  maluae salubres corpori,
uel agna festis caesa Terminalibus
  uel haedus ereptus lupo. 60
Has inter epulas ut iuuat pastas ouis
  uidere properantis domum,
uidere fessos uomerem inuersum boues
  collo trahentis languido
positosque uernas, ditis examen domus, 65
  circum renidentis Lares".
Haec ubi locutus fenerator Alfius,
  iam iam futurus rusticus,
omnem redegit Idibus pecuniam,
  quaerit Kalendis ponere. 70

6

Quid inmerentis hospites uexas, canis
  ignauus aduersum lupos?
Quin huc inanis, si potes, uertis minas,
  et me remorsurum petis?
Nam qualis aut Molossus aut fuluus Lacon, 5
  amica uis pastoribus,
agam per altas aure sublata niues
  quaecumque praecedet fera;
tu, cum timenda uoce complesti nemus,
  proiectum odoraris cibum. 10
Caue, caue, namque in malos asperrimus
  parata tollo cornua,
qualis Lycambae spretus infido gener
  aut acer hostis Bupalo.

mais agradavelmente que a azeitona colhida 55
   dos ramos mais carregados das árvores,
ou a labaça amante dos prados
   e as malvas benéficas ao corpo debilitado,
ou então o cordeiro sacrificado nas festivas Terminais,
   o cabrito salvo do lobo. 60
Entre tais iguarias, como é gostoso ver as ovelhas, depois de
                                                            [apascentadas,
   correndo para casa,
ver, cansados, os bois arrastando o arado invertido,
   com o pescoço sem forças,
e os escravos à mesa, enxame de uma casa rica, 65
   ao redor dos Lares reluzentes".
Tendo assim falado, o usurário Álfio,
   desejoso de tornar-se camponês imediatamente,
após recolher todo o seu dinheiro nos Idos,
   procura reaplicá-lo nas Calendas. 70

P.S.V.

6

Por que a estranhos que não fazem mal a ninguém atacas, ó cão
   medroso diante dos lobos?
Por que não desvias para aqui, se tens coragem, tuas inúteis ameaças
   e não cais sobre mim, que responderei com mordidas?
Afinal, como um cão molosso ou um fulvo espartano, 5
   força amiga dos pastores,
perseguirei, pelas altas neves, de orelhas em pé,
   todo animal feroz que encontrar pela frente;
quanto a ti, depois de encheres a floresta com tua voz temível,
   cheiras a comida que te lançaram. 10
Cuidado, cuidado, afinal de contas, bravíssimo contra os malvados,
   ergo os chifres prontos para atacar,
como o genro desprezado pelo infiel Licamba,
   ou o terrível inimigo de Búpalo.

An, siquis atro dente me petiuerit, 15
    inultus ut flebo puer?

7

Quo, quo scelesti ruitis? Aut cur dexteris
    aptantur enses conditi?
Parumne campis atque Neptuno super
    fusum est Latini sanguinis,
non ut superbas inuidae Carthaginis 5
    Romanus arces ureret,
intactus aut Britannus ut descenderet
    Sacra catenatus Via,
sed ut secundum uota Parthorum sua
    urbs haec periret dextera? 10
Neque hic lupis mos nec fuit leonibus
    umquam nisi in dispar feris.
Furorne caecus an rapit uis acrior
    an culpa? Responsum date.
Tacent, et albus ora pallor inficit 15
    mentesque perculsae stupent.
Sic est: acerba fata Romanos agunt
    scelusque fraternae necis,
ut inmerentis fluxit in terram Remi
    sacer nepotibus cruor. 20

Ou achas que, se alguém me atingir com dente venenoso, 15
sem me vingar vou ficar chorando como uma criança?
                                        P.S.V.

7

Para onde, para onde, sacrílegos, vos precipitais? Ou por que,
                           [em vossa destra,
   se colocam espadas há pouco embainhadas?
Foi pouco, sobre campos de batalha e o mar de Netuno,
   o sangue latino derramado?
E não para que as soberbas fortalezas da hostil Cartago 5
   o romano queimasse,
ou para que, outrora indomável, o bretão descesse,
   agrilhoado, pela Via Sacra,
mas para que, segundo os votos dos partos,
   esta cidade perecesse pela sua própria destra? 10
Nem tiveram jamais os lobos um tal comportamento, nem os
                           [leões ferozes,
   senão contra uma outra espécie.
Furor cego ou, talvez, uma força mais poderosa vos arrasta,
   acaso uma falta? Dai-me a resposta.
Calam, e alva palidez lhes cobre o rosto, 15
   e suas mentes, perturbadas, se entorpecem.
Assim é: duros destinos perseguem os romanos
   bem como a morte criminosa de um irmão,
desde que o sangue do inocente Remo correu nesta terra,
   maldição para a sua descendência. 20
                                        P.S.V.

13

Horrida tempestas caelum contraxit et imbres
   Niuesque deducunt Iouem; nunc mare, nunc siluae
Threicio Aquilone sonant; rapiamus, amici,
   occasionem de die, dumque uirent genua
et decet, obducta soluatur fronte senectus.   5
   Tu uina Torquato moue consule pressa meo,
cetera mitte loqui; Deus haec fortasse benigna
   reducet in sedem uice. Nunc er Achaemenio
perfundi nardo iuuat et fide Cyllenea
   leuare diris pectora sollicitudinibus,   10
nobilis ut grandi cecinit Centaurus alumno:
   "Inuicte mortalis dea nate puer Thetide,
te manet Assaraci tellus quam frigida parui
   findunt Scamandri flumina, lubricus et Simois,
unde tibi reditum certo subtemine Parcae   15
   rupere nec mater domum caerula te reuehet.
Illic omne malum uino cantuque leuato,
   deformis aegrimoniae dulcibus alloquiis".

13

Horrível tempestade invernal cerrou o horizonte, e as chuvas
   e as neves precipitam Júpiter do céu; ora o mar, ora as florestas
ressoam com o trácio Aquilão; agarremos, amigos,
   a ocasião que nos fornece o dia e, enquanto têm força os joelhos
e fica bem, da fronte carregada se afaste a velhice.   5
   Quanto a ti, vai pegar os vinhos pisados no consulado de Torquato,
                                             [em que nasci,
passa em silêncio o resto; um Deus, talvez, tudo isto
   coloque no seu devido lugar, em generosa mudança. Agora
é agradável banhar-se em nardo da Aquemênia e, com a lira do Cilene,
   aliviar o peito de sinistras preocupações;   10
assim como o ilustre centauro predisse ao seu grande discípulo:
   "Ó invencível criança, filho mortal da Deusa Tétis,
espera-te a terra de Assáraco, a que fendem as frias
   correntes do pequeno Escamandro e o rápido Símois;
as Parcas, com seus fios infalíveis, o retorno, dali,   15
   cortaram-te, e tua mãe celeste não te reconduzirá para casa.
Lá, toda infelicidade com vinho e canto alivia,
   de uma deformadora aflição os doces consolos".

                                                                P.S.V.

ALBIVS TIBVLLVS

ÁLBIO TIBULO

ELEGIAE

I 1

Diuitias alius fuluuo sibi congerat auro
   et teneat culti iugera multa soli,
quem labor adsiduus uicino terreat hoste,
   Martia cui somnos classica pulsa fugent:
me mea paupertas uita traducat inerti,   5
   dum meus adsiduo luceat igne focus,
ipse seram teneras maturo tempore uites
   rusticus et facili grandia poma manu,
nec Spes destituat, sed frugum semper aceruos
   praebeat et pleno pinguia musta lacu.   10
Nam ueneror seu stipes habet desertus in agris
   seu uetus in triuio florida serta lapis;
et quodcumque mihi pomum nouus educat annus,
   libatum agricolae ponitur ante Deo.
Flaua Ceres, tibi sit nostro de rure corona   15
   spicea, quae templi pendeat ante fores;
pomosis ruber custos ponatur in hortis,
   terreat ut saeua falce Priapus aues;
uos quoque, felicis quondam, nunc pauperis agri
   custodes, fertis munera uestra, Lares;   20
tunc uitula innumeros lustrabat caesa iuuencos,
   nunc agna exigui est hostia parua soli:
agna cadet uobis, quam circum rustica pubes
   clamet "Io! Messes et bona uina date".
Iam modo iam possim contentus uiuere paruo   25
   nec semper longae deditus esse uiae,

ELEGIAS

I 1

Outro acumule para si riquezas em ouro fulvo
   e possua muitas jeiras de solo cultivado;
sofrimento incessante o aterrorize por causa de vizinho hostil,
   e o toque da trombeta marcial lhe afugente o sono:
a mim, a minha pobreza me leve por uma vida ociosa,   5
   desde que luza a minha lareira com o fogo permanente.
Eu mesmo, lavrador, plante no tempo certo videiras tenras
   e, com mão hábil, grandes árvores frutíferas;
e não me abandone a Esperança mas me dê sempre abundância
   de frutos e um denso mosto num lagar cheio.   10
Porque venero o tronco abandonado nos campos
   e, na encruzilhada, a vetusta pedra, coroados de flores;
e qualquer fruto que o novo ano produza para mim,
   consagrado, é oferecido ao Deus do agricultor.
Loura Ceres, possas ter, do nosso campo, uma coroa   15
   de espigas suspensa ante as portas do teu templo;
e, no meu pomar cheio de frutos, ponha-se um rubro guardião,
   um Priapo que aterrorize as aves com a foice ameaçadora.
Também vós, Lares, guardiães de um campo outrora fértil
   hoje pobre, tendes os vossos presentes: 20
uma vitela imolada purificava então inúmeros novilhos;
   agora uma ovelha é a pequena vítima de exíguo solo;
cairá para vós uma ovelha e, ao seu redor, clame a juventude
   campestre: "Viva! Dai-nos colheitas e bons vinhos!"
Possa eu, apenas, viver desde já contente com pouco,   25
   e não me entregar sempre a longas viagens

sed Canis aestiuos ortus uitare sub umbra
    arboris ad riuos praetereuntis aquae;
nec tamen interdum pudeat tenuisse bidentem
    aut stimulo tardos increpuisse boues;   30
non agnamue sinu pigeat fetumne capellae
    desertum oblita matre referre domum.
At uos exiguo pecori, furesque lupique,
    parcite: de magno praeda petenda grege.
Hic ego pastoremque meum lustrare quot annis   35
    et placidam soleo spargere lacte Palem.
Adsitis, Diui, nec uos e paupere mensa
    dona nec e puris spernite fictilibus:
fictilia antiquus primum sibi fecit agrestis
    pocula, de facili composuitque luto.   40
Non ego diuitias patrum fructusque requiro,
    quos tulit antiquo condita messis auo:
parua seges satis est, noto resquiescere lecto
    si licet et solito membra leuare toro.
Quam iuuat immites uentos audire cubantem   45
    et dominam tenero continuisse sinu
aut, gelidas hibernus aquas cum fuderit Auster,
    securum somnos igne iuuante sequi!
Hoc mihi contingat: sit diues iure, furorem
    qui maris et tristes ferre potest pluuias.   50
O quantum est auri pereat potiusque smaragdi,
    quam fleat ob nostras ulla puella uias.
Te bellare decet terra, Messalla, marique,
    ut domus hostiles praeferat exuuias:
me retinent uinctum formosae uincla puellae,   55
    et sedeo duras ianitor ante fores.
Non ego laudari curo, mea Delia: tecum
    dum modo sim, quaeso segnis inersque uocer;
te spectem, suprema mihi cum uenerit hora,
    te teneam moriens deficiente manu.   60

mas evitar os ardores estivais do Cão, à sombra
　　de uma árvore, junto aos regatos de águas que passam.
E não me envergonhe, afinal, haver manejado às vezes a enxada
　　ou haver estimulado bois vagarosos com o aguilhão.　　　　　　　30
Não me aborreça trazer ao colo, de volta a casa,
　　a ovelha ou o cabritinho abandonado pela mãe esquecida.
Vós, porém, ladrões e lobos, poupai o gado escasso:
　　de grande rebanho deve ser cobiçada a presa.
Aqui, todos os anos, costumo, eu, purificar o meu pastor　　　　　　35
　　e espargir com leite a plácida Pales.
Sede propícios, Deuses, e não desdenheis, vós, os dons
　　da mesa pobre e dos vasos sem ornatos:
de barro fez para si o rústico ancestral as primeiras
　　taças: fabricou-as de argila, fácil de moldar.　　　　　　　　　　40
Não reclamo, eu, as riquezas dos antepassados e os frutos
　　que ofereceu a meu ancestral a messe cuidada:
uma seara pequena é bastante se se pode repousar
　　no leito conhecido e aliviar o corpo na cama costumeira.
Como agrada ouvir, deitado, os ventos violentos,　　　　　　　　　45
　　aconchegada a amante ao peito amoroso;
ou, derramadas as gélidas águas do Austro hibernal,
　　tranqüilo, cair no sono ao calor agradável do fogo.
Tenha eu esta sorte. Rico seja, de direito, o que pode
　　suportar a fúria do mar e as chuvas sombrias.　　　　　　　　　50
Oh! Desapareça tudo o que há de ouro e esmeraldas
　　antes que chore uma jovem por causa de viagens nossas.
A ti convém guerrear, Messala, na terra e no mar,
　　para que a tua casa possa ostentar despojos inimigos:
a mim me retêm, cativo, os vínculos de uma bela mulher　　　　　　55
　　e, porteiro, sento-me ante as suas duras portas.
Não procuro, eu, ser louvado, minha Délia: contanto que
　　esteja contigo, podem chamar-me ocioso e inerte.
Que eu te olhe quando houver chegado a minha hora suprema;
　　que eu, morrendo, te prenda com mão enfraquecida.　　　　　　60

Flebis et arsuro positum me, Delia, lecto,
 tristibus et lacrimis oscula mixta dabis;
flebis: non tua sunt duro praecordia ferro
 uincta, nec in tenero stat tibi corde silex.
Illo non iuuenis poterit de funere quisquam 65
 lumina, non uirgo, sicca referre domum;
tu manes ne laede meos, sed parce solutis
 crinibus et teneris, Delia, parce genis.
Interea, dum fata sinunt, iungamus amores:
 iam ueniet tenebris Mors adoperta caput; 70
iam subrepet iners aetas, nec amare decebit,
 dicere nec cano blanditias capite.
Nunc leuis est tractanda Venus, dum frangere postes
 non pudet et rixas inseruisse iuuat;
hic ego dux milesque bonus: uos, signa tubaeque, 75
 ite procul, cupidis uulnera ferte uiris,
ferte et opes; ego composito securus aceruo
 dites despiciam despiciamque famem.

I 10

Quis fuit, horrendos primus qui protulit enses?
 Quam ferus et uere ferreus ille fuit!
Tum caedes hominum generi, tum proelia nata
 et breuior dirae mortis aperta uia est.
An nihil ille miser meruit, nos ad mala nostra 5
 uertimus, in saeuas quod dedit ille feras?
Diuitis hoc uitium est auri, nec bella fuerunt,
 faginus astabat cum scyphus ante dapes;
non arces, non uallus erat, somnosque petebat
 securus uarias dux gregis inter oues. 10

Álbio Tibulo

Chorarás, Délia, e me darás, posto no leito prestes
   a arder, beijos misturados com tristes lágrimas.
Chorarás: não têm as tuas entranhas liames de duro
   ferro, nem, no teu amoroso coração, tens uma pedra.
Desses funerais, nenhum jovem, nenhuma virgem   65
   poderá voltar de olhos secos a casa.
Não ultrajes, tu, os meus Manes mas poupa teus cabelos
   soltos, Délia, e poupa tuas faces delicadas.
Entretanto, enquanto o permitem os fados, amemo-nos sempre:
   logo virá a Morte, a cabeça coberta de trevas;   70
logo, sub-reptícia, virá a idade inerte, e não ficará bem amar
   ou dizer palavras ternas com a cabeça branca.
Agora é que se deve praticar a doce Vênus, enquanto não
   envergonha quebrar batentes, e agrada haver semeado rixas:
aqui sou bom general e bom soldado. Vós, insígnias e trombetas,   75
   afastai-vos: levai ferimentos aos varões ambiciosos
e levai também riquezas. Eu, garantido por um acervo razoável,
   os ricos desprezarei e desprezarei a fome.

                                          M.G.N.

I 10

Quem foi o primeiro que forjou a horrenda espada?
   Quão feroz e realmente de ferro foi aquele homem!
Nasceram então para o gênero humano o massacre, as guerras,
   e abriu-se o curto caminho da morte cruel.
Culpa o infeliz não teve: não fomos nós que empregamos   5
   para nosso mal o que ele nos deu contra os animais selvagens?
É culpa do precioso ouro, e não havia guerras
   quando o copo de faia estava ante as iguarias;
não havia cidadelas, nem trincheiras, e tranqüilo
   dormia o pastor entre as variegadas ovelhas.   10

Tunc mihi uita foret, Valgi, nec tristia nossem
    arma nec audissem corde micante tubam.
Nunc ad bella trahor, et iam quis forsitan hostis
    haesura in nostro tela gerit latere.
Sed patrii seruate Lares: aluistis et idem,   15
    cursarem uestros cum tener ante pedes.
Neu pudeat prisco uos esse e stipite factos:
    sic ueteris sedes incoluistis aui.
Tunc melius tenuere fidem, cum paupere cultu
    stabat in exigua ligneus aede deus;   20
hic placatus erat, seu quis libauerat uua,
    seu dederat sanctae spicea serta comae;
atque aliquis uoti compos liba ipse ferebat
    postque comes purum filia parua fauum.
At nobis aerata, Lares, depellite tela,   25

Δ

    hostiaque e plena rustica porcus hara;
hanc pura cum ueste sequar myrtoque canistra
    uincta geram, myrto uinctus et ipse caput.
Sic placeam uobis: alius sit fortis in armis,
    sternat et aduersos Marte fauente duces,   30
ut mihi potanti possit sua dicere facta
    miles et in mensa pingere castra mero.
Quis furor est atram bellis arcessere Mortem?
    Imminet et tacito clam uenit illa pede.
Non seges est infra, non uinea culta, sed audax   35
    Cerberus et Stygiae nauita turpis aquae;
illic perscissisque genis ustoque capillo
    errat ad obscuros pallida turba lacus.
Quin potius laudandus hic est quem prole parata
    occupat in parua pigra senecta casa!   40

ÁLBIO TIBULO

Tivesse eu vivido naquele tempo, ó Válgio, não teria conhecido
   as tristes armas, nem com o coração palpitante teria ouvido
               [a trombeta.
Agora sou arrastado às guerras, talvez algum inimigo já traga
                [os dardos
   que ficarão presos no meu flanco.
Mas salvai-me, Lares paternos; vós também me nutristes   15
   quando, criança, corria a vossos pés.
Não vos envergonheis de ser feitos de um velho tronco:
   assim habitastes a casa do antigo avô.
Então conservavam melhor a fé, quando, com modesto culto,
   um Deus de madeira se erguia numa pequena capela;   20
este aplacava-se, ou se alguém lhe oferecesse uva,
   ou desse à sagrada cabeleira uma grinalda de espigas;
e alguém que obteve seu voto levava um bolo
   e depois, companheira, a filha pequena um favo puro.
Mas afastai de nós, ó Lares, os dardos de bronze   25

Δ

e um porco, rústica vítima, tereis da pocilga cheia;
   segui-la-ei com uma veste branca e levarei um cesto
   coroado de mirto, eu também com a cabeça coroada de mirto.
Possa eu assim vos agradar: outro seja valente nos combates,
   e, ajudando-o Marte, abata os chefes inimigos,   30
a fim de que o soldado possa narrar-me, enquanto bebo, suas façanhas
   e, na mesa, desenhar com vinho o acampamento.
Que loucura é esta de procurar com guerras a sombria Morte?
   Ela está iminente e vem, às escondidas, com passos silenciosos.
Debaixo da terra não há messe, não há vinha cultivada, mas o feroz   35
   Cérbero e o medonho barqueiro da água do Estige;
e ali, com as faces laceradas e os cabelos queimados,
   erra junto aos lagos tenebrosos uma pálida turba.
Quão mais digno de louvor é este que, entre os filhos,
   é surpreendido, na pequena cabana, pela preguiçosa velhice!   40

Ipse suas sectatur oues, at filius agnos,
  et calidam fesso comparat uxor aquam.
Sic ego sim, liceatque caput candescere canis
  temporis et prisci facta referre senem.
Interea Pax arua colat: Pax candida primum   45
  duxit araturos sub iuga curua boues;
Pax aluit uites et sucos condidit uuae,
  funderet ut nato testa paterna merum;
Pace bidens uomerque nitent, at tristia duri
  militis in tenebris occupat arma situs   50

Δ

rusticus e lucoque uehit, male sobrius ipse,
  uxorem plaustro progeniemque domum.
Sed Veneris tunc bella calent, scissosque capillos
  femina perfractas conqueriturque fores;
flet teneras subtusa genas: sed uictor et ipse   55
  flet sibi dementes tam ualuisse manus;
at lasciuus Amor rixae mala uerba ministrat,
  inter et iratum lentus utrumque sedet.
A lapis est ferrumque, suam quicumque puellam
  uerberat: e caelo deripit ille Deos.   60
Sit satis e membris tenuem perscindere uestem,
  sit satis ornatus dissoluisse comae,
sit lacrimas mouisse satis: quater ille beatus
  quo tenera irato flere puella potest;
sed manibus qui saeuus erit, scutumque sudemque 65
  is gerat et miti sit procul a Venere.
At nobis, Pax alma, ueni spicamque teneto,
  praefluat et pomis candidus ante sinus.

Álbio Tibulo

Ele próprio vai atrás de suas ovelhas, o filho, dos cordeiros;
   e a ele cansado a esposa prepara a água quente.
Viva eu assim, possa a cabeça embranquecer-se
   e, velho, possa eu contar os fatos do tempo antigo.
Entretanto que a Paz habite os campos: a cândida Paz   45
   conduziu primeiramente os bois para arar sob o curvo jugo;
a Paz fez crescer as videiras e juntou os sucos da uva,
   para que a talha paterna vertesse o vinho ao filho;
na Paz, o enxadão e o arado brilham,
   mas a ferrugem, nas trevas, apodera-se das armas terríveis
                           [do cruel soldado   50

Δ

e o camponês, ele mesmo ébrio, leva do bosque para casa,
   numa carroça, a mulher e os filhos.
Inflamam-se então as guerras de Vênus,
   e a mulher queixa-se dos cabelos arrancados e das portas quebradas;
chora tendo machucadas as delicadas faces: mas o vencedor   55
   chora também ele de terem sido tão pesadas suas furiosas mãos;
o insolente Amor, porém, serve à briga palavras ofensivas,
   e, indiferente, senta-se entre os dois irados.
Ah! quem açoita sua menina é uma pedra,
   um ferro: ele arranca do céu os Deuses.   60
Seja suficiente rasgar do corpo a fina veste,
   seja suficiente desfazer os ornamentos da cabeleira,
fazer chorar seja suficiente: quatro vezes feliz
   aquele pelo qual, irado, pode chorar a delicada menina;
mas quem se entregar a violências, porte escudo e dardo   65
   e fique longe da dócil Vênus.
Vem a nós, Paz nutriz, e tem uma espiga,
   e diante de ti transborde de frutos a cândida veste.

                                                                H.O.M.N.

II 2

Dicamus bona uerba: uenit Natalis ad aras;
  quisquis ades, lingua, uir mulierque, faue.
Vrantur pia tura focis, urantur odores
  quos tener e terra diuite mittit Arabs.
Ipse suos Genius adsit uisurus honores,   5
  cui decorent sanctas mollia serta comas;
illius puro destillent tempora nardo,
  atque satur libo sit madeatque mero,
adnuat et, Cornute, tibi, quodcumque rogabis.
  En age, quid cessas? adnuit ille: roga.   10
Auguror, uxoris fidos optabis amores
  — iam reor hoc ipsos edidicisse Deos —
nec tibi malueris, totum quaecumque per orbem
  fortis arat ualido rusticus arua boue,
nec tibi, gemmarum quidquid felicibus Indis   15
  nascitur, Eoi qua maris unda rubet.
Vota cadunt; utinam strepitantibus aduolet alis
  flauaque coniugio uincula portet Amor,
uincula quae maneant semper dum tarda senectus
  inducat rugas inficiatque comas.   20
Hic ueniat Natalis auis prolemque ministret,
  ludat et ante tuos turba nouella pedes.

II 1

Quisquis adest faueat: fruges lustramus et agros,
  ritus ut a prisco traditus exstat auo.
Bacche, ueni, dulcisque tuis e cornibus uua
  pendeat, et spicis tempora cinge, Ceres.
Luce sacra requiescat humus, requiescat arator,   5
  et graue suspenso uomere cesset opus.

II 2

Digamos palavras boas: aproxima-se do altar o Deus Natal;
  presente, quem quer que sejas, varão ou mulher, fica em silêncio.
Queimem-se na lareira incensos piedosos, queimem-se os perfumes
  que o terno árabe envia da sua rica terra.
Compareça ele próprio, o Gênio, a ver as suas honras,   5
  e delicadas grinaldas lhe enfeitem a santa cabeleira;
nardo puro destile de suas têmporas;
  e se farte com o bolo e se embriague de vinho
e te conceda, Cornuto, o que quer que rogues.
  Ora, vamos, por que hesitas? Ele concede: roga.   10
Adivinho: desejarás o amor fiel de tua esposa
  — isto, calculo, já o sabem os próprios Deuses:
não preferirás ter as searas que, por todo o orbe,
  ara o forte lavrador com o vigoroso boi,
nem as pérolas todas que, para os felizes hindus,   15
  nascem nas regiões da Aurora, em que a onda do mar é vermelha.
Os teus votos caem bem: oxalá voe até nós, com ruidosas asas,
  o Amor, e traga ao teu casamento laços amarelos
— laços que permaneçam para sempre, enquanto a lenta velhice
  trouxer as rugas e desbotar os cabelos.   20
Venha este Deus Natal para os avós e lhes dê filhos e netos,
  e brinque aos teus pés um bando de crianças.

M.G.N.

II 1

Quem quer que esteja presente se cale: as searas lustramos
                              [e os agros,
  segundo estabelece o rito transmitido pelos primevos avós.
Baco, vem; dos cornos teus a dúlcida uva
  penda, e com espigas as têmporas cinge, Ceres.
Em dia sacro, repouse a terra, repouse o arador   5
  e, relha suspensa, cesse o grave labor.

Soluite uincla iugis: nunc ad praesepia debent
  plena coronato stare boues capite.
Omnia sint operata Deo; non audeat ulla
  lanificam pensis imposuisse manum.   10
Vos quoque abesse procul iubeo, discedat ab aris
  cui tulit hesterna gaudia nocte Venus;
casta placent Superis: pura cum ueste uenite
  et manibus puris sumite fontis aquam.
Cernite fulgentes ut eat sacer agnus ad aras   15
  uinctaque post olea candida turba comas.
Di patrii, purgamus agros, purgamus agrestes;
  uos mala de nostris pellite limitibus,
neu seges eludat messem fallacibus herbis,
  neu timeat celeres tardior agna lupos.   20
Tunc nitidus plenis confisus rusticus agris
  ingeret ardenti grandia ligna foco,
turbaque uernarum, saturi bona signa coloni,
  ludet et ex uirgis exstruet ante casas.
Euentura precor: uiden ut felicibus extis   25
  significet placidos nuntia fibra Deos?
Nunc mihi fumosos ueteris proferte Falernos
  consulis et Chio soluite uincla cado.
Vina diem celebrent: non festa luce madere
  est rubor, errantes et male ferre pedes.   30
Sed "bene Messallam" sua quisque ad pocula dicat,
  nomen et absentis singula uerba sonent.
Gentis Aquitanae celeber Messalla triumphis
  et magna intonsis gloria uictor auis,
huc ades aspiraque mihi, dum carmine nostro   35
  redditur agricolis gratia Caelitibus.
Rura cano rurisque Deos: his uita magistris
  desueuit querna pellere glande famem;
illi compositis primum docuere tigillis
  exiguam uiridi fronde operire domum;   40

Tirai as amarras aos jugos: agora devem junto aos presépios
   plenos, ficar os bois, coroada a cabeça.
Tudo se consagre ao Deus; não ouse mulher alguma
   pôr na rocada a mão que fia a lã.   10
A vós também ordeno ficar longe, saia das aras
   aquele a quem, na noite hesterna, prazeres levou Vênus:
a castidade praz aos súperos, com veste pura vinde
   e com mãos puras tomai a água da fonte.
Vede como o cordeiro sacro caminha para fulgurantes aras   15
   e, atrás, a branca turba de comas enlaçadas com ramos de oliveira.
Deuses pátrios, purgamos os agros, purgamos os agrestes;
   vós, os males expulsai de nossas terras,
e que tanto o campo não fruste a messe com falaciosas ervas
   como não tema a cordeira retardatária os céleres lobos.   20
Então, suntuoso, confiante em agros plenos, o rústico
   depositará lenhos grandes numa lareira ardente,
e a turba dos domésticos, bons sinais do cultivador farto,
   brincará na frente e de vergas erigirá cabanas.
Rogo pelo que está para vir: vês como, propícias as vísceras,   25
   anunciadora a fibra indica Deuses complacentes?
Agora, oferecei-me falernos defumados de vetusto
   cônsul e tirai os fechos ao cado de Quios.
O vinho celebre a data: em dia festivo, embebedar-se
   e arrastar pés vacilantes não é vergonhoso.   30
Mas "a Messala!" cada um ao seu copo diga,
   e o nome do ausente cada palavra soe.
Ó Messala!, célebre pelos triunfos sobre a gente aquitana
   e, vencedor, grande glória para os intonsos avós,
vem para cá e inspira-me, enquanto pelo meu canto   35
   é retribuída a graça aos Deuses agrícolas.
Os campos canto e os Deuses campesinos: com estes mestres, a vida
   desabituou-se de afastar com glande de carvalho a fome;
eles primeiramente ensinaram a, dispostas as barras,
   cobrir com fronde verde a exígua casa;   40

illi etiam tauros primi docuisse feruntur
  seruitium et plaustro supposuisse rotam.
Tum uictus abiere feri, tum consita pomus,
  tum bibit inriguas fertilis hortus aquas,
aurea tum pressos pedibus dedit uua liquores   45
  mixtaque securo est sobria lympha mero.
Rura ferunt messes, calidi cum sideris aestu
  deponit flauas annua terra comas;
rure leuis uerno flores apis ingerit alueo,
  compleat ut dulci sedula melle fauos.   50
Agricola adsiduo primum satiatus aratro
  cantauit certo rustica uerba pede
et satur arenti primum est modulatus auena
  carmen, ut ornatos diceret ante Deos,
agricola et minio suffusus, Bacche, rubenti   55
  primus inexperta duxit ab arte choros;
huic datus a pleno, memorabile munus, ouili
  dux pecoris curtas auxerat hircus opes.
Rure puer uerno primum de flore coronam
  fecit et antiquis imposuit Laribus,   60
rure etiam teneris curam exhibitura puellis
  molle gerit tergo lucida uellus ouis:
hinc et femineus labor est, hinc pensa colusque,
  fusus et adposito pollice uersat opus,
atque aliqua adsidue textrix operata Mineruam   65
  cantat, et appulso tela sonat latere.
Ipse quoque inter agros interque armenta Cupido
  natus et indomitas dicitur inter equas;
illic indocto primum se exercuit arcu;
  ei mihi, quam doctas nunc habet ille manus!   70

eles ainda, dizem, foram os primeiros a ensinar aos touros
   a servidão e a encaixar no plaustro a roda.
Então os alimentos selvagens se foram; então, plantou-se a árvore
                                                [pomífera;
   então, bebeu o horto fértil irrigadoras águas;
então a áurea uva deu licores pisados pelos pés   45
   e foi misturada a água sóbria ao vinho puro apaziguador.
Os campos produzem as messes, quando, ao ardor do cálido astro,
   depõe a terra anualmente as flavas cabeleiras;
no campo de primavera, a abelha, ligeira, deposita o néctar
                                                [na colmeia,
   a fim de, sédula, encher de doce mel os favos.   50
O agricultor, pela primeira vez, cansado do assíduo arado,
   cantou palavras rústicas em acertado pé
e, saciado, pela primeira vez modulou, na seca avena,
   um canto para recitar ante adornados Deuses;
o agricultor, coberto, ó Baco!, de mínio rubro,   55
   foi o primeiro a conduzir coros de uma arte inusitada;
a este dado, memorável presente, de um redil pleno saído,
   chefe do rebanho, o bode aumentara-lhe os curtos recursos.
No campo, o menino pela primeira vez, de uma flor primaveril,
                                                [uma coroa
   fez e coroou os antigos Lares,   60
no campo ainda, a luzidia ovelha, que proporciona trabalho
                                                [às delicadas moças,
   no lombo carrega macio velo:
daí não só o feminino labor surge — daí a rocada e a roca —,
   mas também o fuso, ao toque do polegar, faz girar a maçaroca,
e alguma tecedeira, assiduamente operando as tarefas de Minerva,   65
   canta, e a tela soa, tocado o pente.
Entre campos e entre armentos, também o próprio Cupido
   dizem ter nascido, e entre indômitas éguas;
ali pela primeira vez se exercitou com indouto arco
   — ai de mim!, quão doutas mãos tem ele agora!   70

Nec pecudes, uelut ante, petit; fixisse puellas
    gestit et audaces perdomuisse uiros;
hic iuueni detraxit opes, hic dicere iussit
    limen ad iratae uerba pudenda senem;
hoc duce custodes furtim transgressa iacentes 75
    ad iuuenem tenebris sola puella uenit.
et pedibus praetemptat iter suspensa timore,
    explorat caecas cui manus ante uias.
A miseri quos hic grauiter Deus urget! At ille
    felix cui placidus leniter adflat Amor. 80
Sancte, ueni dapidus festis, sed pone sagittas
    et procul ardentes hinc, precor, abde faces.
Vos celebrem cantate Deum pecorique uocate
    uoce; palam pecori, clam sibi quisque uocet,
aut etiam sibi quisque palam: nam turba iocosa 85
    obstrepit et Phrygio tibia curua sono.
Ludite: iam Nox iungit equos, currumque sequuntur
    matris lasciuo sidera fulua choro,
postque uenit tacitus furuis circumdatus alis
    Somnus et incerto Somnia nigra pede. 90

ÁLBIO TIBULO

E não fere animais, como antes: em trespassar moças
   alegra-se e em domar audazes varões;
ele ao jovem arrancou a riqueza, ele mandou o velho,
   junto à porta de uma irada, dizer palavras de que deveria
                                     [envergonhar-se;
com ele por guia, furtivamente atravessando as sentinelas adormecidas,   75
para junto do jovem, em meio às trevas, sozinha a moça vai
e, com os pés, contida pelo medo, tenteia o percurso,
   cujos cegos atalhos as mãos exploram antes.
Ah! Míseros os que gravemente este Deus urge! Mas feliz
   aquele para quem, benévolo, brandamente sopra o Amor.   80
Ó sagrado! Vem para banquetes festivos, mas depõe as flechas
   e longe daqui, peço, esconde os ardentes fachos.
Vós, cantai o célebre Deus e para o gado invocai-o
   com a voz; abertamente para o gado, secretamente para si, cada
                                     [um o invoque,
ou ainda cada um abertamente para si, pois a turba jocosa   85
   e a tíbia curva de som frígio ensurdecem.
Brincai: já a Noite junge os cavalos, e seguem o carro
   da mãe os astros fulvos, em lascivo coro,
e depois vem, tácito, circundado de sombrias asas,
   o Sono com Sonhos negros de incerto pé.   90

                                                                    M.M.S.

SVLPICIA

SULPÍCIA

ELEGIDIA

III 13=IV 7

Tandem uenit amor, qualem texisse pudori
   quam nudasse alicui sit mihi fama magis.
Exorata meis illum Cytherea Camenis
   attulit in nostrum deposuitque sinum.
Exsoluit promissa Venus: mea gaudia narret,   5
   dicetur si quis non habuisse sua.
Non ego signatis quicquam mandare tabellis,
   ne legat id nemo quam meus ante, uelim,
sed peccasse iuuat, uultus componere famae
   taedet: cum digno digna fuisse ferar.   10

III 14=IV 8

Inuisus natalis adest, qui rure molesto
   et sine Cerintho tristis agendus erit.
Dulcius urbe quid est? An uilla sit apta puellae
   atque Arretino frigidus amnis agro?
Iam, nimium Messalla mei studiose, quiescas;   5
   non tempestiuae saepe, propinque, uiae.
Hic animum sensusque meos abducta relinquo
   arbitrio, quamuis non sinis esse, meo.

ELEGIAS

III 13=IV 7

Finalmente o amor chegou e seja eu mais conhecida
   por tê-lo encoberto por pudor do que por tê-lo revelado a alguém.
Comovida por meus versos, Citeréia o trouxe
   e o depositou em meu regaço.
Vênus cumpriu suas promessas. Se alguém, ao que se sabe,   5
   não encontrou alegrias, que fale das minhas.
Não gostaria de confiar alguma coisa a tabuinhas seladas
   para que ninguém a lesse antes de meu amado;
alegro-me de meu erro; aborrece-me fingir por minha reputação.
   Que se diga que eu fui digna com um homem digno.   10

III 14=IV 8

Chega o indesejado aniversário, que deve ser passado tristemente
   no campo maçante e sem Cerinto.
O que é mais agradável que a cidade? São as casas de campo
                               [convenientes
   às moças? E o gélido rio da região de Arécio?
Podes descansar, Messala, excessivamente cuidadoso a meu respeito: 5
   essas viagens, meu tio, muitas vezes não me são oportunas.
Levada para longe, deixo aqui meu coração e meus sentimentos
   por minha vontade, embora não permitas que eu a tenha.

III 17=IV 11

Estne tibi, Cerinthe, tuae pia cura puellae,
    quod mea nunc uexat corpora fessa calor?
A ego non aliter tristes euincere morbos
    optarim, quam te si quoque uelle putem.
At mihi quid prosit morbos euincere, si tu   5
    nostra potes lento pectore ferre mala?

III 18=IV 12

Ne tibi sim, mea lux, aeque iam feruida cura
    ac uideor paucos ante fuisse dies,
si quicquam tota commisi stulta iuuenta
    cuius me fatear paenituisse magis,
hesterna quam te solum quod nocte reliqui,   5
    ardorem cupiens dissimulare meum.

III 17=IV 11

Tens, acaso, Cerinto, compaixão de tua amada
   já que a febre castiga meus membros fatigados?
Eu não desejaria vencer a doença triste
   se não acreditasse que tu também o queres.
De que me adianta vencer a doença se podes suportar   5
   com indiferença o mal que me atormenta?

III 18=IV 12

Que eu não seja para ti, minha luz, a ardente paixão
   que parecia ter sido há poucos dias
se, jovem tola, cometi alguma falta,
   da qual reconheço que me arrependo mais
do que de te haver deixado só, ontem à noite,   5
   por desejar dissimular meu próprio ardor.

Z.A.C.

SEXTVS PROPERTIVS

SEXTO PROPÉRCIO

ELEGIARVM LIBRI

I 1

Cynthia prima suis miserum me cepit ocellis,
  contactum nullis ante cupidinibus.
Tum mihi constantis deiecit lumina fastus
  et caput impositis pressit Amor pedibus,
donec me docuit castas odisse puellas 5
  improbus et nullo uiuere consilio.
Et mihi iam toto furor hic non deficit anno,
  cum tamen aduersos cogor habere Deos.
Milanion nullos fugiendo, Tulle, labores
  saeuitiam durae contudit Iasidos. 10
Nam modo Partheniis amens errabat in antris,
  ibat et hirsutas ille uidere feras;
ille etiam Hylaei percussus uulnere rami
  saucius Arcadiis rupibus ingemuit.
Ergo uelocem potuit domuisse puellam: 15
  tantum in amore preces et benefacta ualent.
In me tardus Amor non ullas cogitat artis
  nec meminit notas, ut prius, ire uias.
At uos, deductae quibus est fallacia lunae
  et labor in magicis sacra piare focis, 20
en agedum dominae mentem conuertite nostrae
  et facite illa meo palleat ore magis.
Tunc ego crediderim uobis et sidera et amnis
  posse Cytaines ducere carminibus.

ELEGIAS

I 1

Cíntia, com seu olhar, foi a primeira que me enfeitiçou
  (infeliz, não tocado anteriormente por nenhuma forma de paixão).
O Amor, então, abateu-me a usual altivez dos olhos,
  dominou minha cabeça, calcando os pés sobre ela,
e ao mesmo tempo me ensinou, falso que é, 5
  a ter ódio das moças honestas e a viver sem pensar.
Tal loucura não me abandonou ainda, durante todo este ano,
  e, no entanto, sou forçado a ter os Deuses como contrários a mim.
Milanião, Tulo, por não se esquivar a nenhum esforço,
  pôde enfrentar a dureza da cruel filha de Iásio. 10
Quando vagueava, desatinado, nas grutas do monte Partênio,
  e se defrontava com animais ferozes, de pêlo hirsuto,
foi atingido pelo golpe da clava de Hileu
  e gemeu, cheio de dores, nos rochedos da Arcádia.
Mas conseguiu, dessa forma, dominar a donzela veloz: 15
  só têm valia, no amor, as súplicas e os favores.
Em relação a mim, o Amor é vagaroso, não pensa em artifícios [conhecidos
  nem se lembra, ao menos, de percorrer os caminhos costumeiros.
Vós, porém, que conheceis as bruxarias para dominar a lua
  e a arte de fazer sacrifícios em altares mágicos, 20
eia, vamos, transformai o coração da minha amada
  e fazei que ela se torne mais pálida ainda que meu próprio rosto.
Aí, então, eu poderia crer que vos é possível dominar
  os astros e os rios com os encantamentos da mulher de Citas.

Et uos, qui sero lapsum reuocatis, amici, 25
   quaerite non sani pectoris auxilia.
Fortiter et ferrum saeuos patiemur et ignis,
   sit modo libertas, quae uelit ira, loqui.
Ferte per extremas gentis et ferte per undas,
   qua non ulla meum femina norit iter. 30
Vos remanete, quibus facili Deus annuit aure,
   sitis et in tuto semper amore pares.
In me nostra Venus noctes exercet amaras
   et nullo uacuus tempore defit Amor.
Hoc, moneo, uitate malum: sua quemque moretur 35
   cura neque assueto mutet amore locum.
Quod si quis monitis tardas aduerterit auris,
   heu! Referet quanto uerba dolore mea.

I 2

Quid iuuat ornato procedere, uita, capillo
   et tenuis Coa ueste mouere sinus?
Aut quid Orontea crinis perfundere murra
   teque peregrinis uendere muneribus
naturaeque decus mercato perdere cultu 5
   nec sinere in propriis membra nitere bonis?
Crede mihi, non ulla tuae est medicina figurae:
   nudus Amor formae non amat artificem.

Vós, meus amigos, que procurais levantar tardiamente o que caiu, 25
  buscai auxílio para um peito doente.
Com intrepidez saberei sofrer o ferro e o ardor do fogo
  para que haja liberdade de dizer o que a ira desejar.
Levai-me por entre os povos mais distantes, levai-me por entre
                                                    [as ondas,
  para que mulher alguma possa conhecer meu caminho. 30
Quanto a vós, a quem um Deus de ouvido benevolente se mostrou
                                                    [propício,
  permanecei aqui, e que estejais sempre juntos, na segurança
                                                    [do amor.
Vênus me atormenta nas noites amargas
  e o Amor desocupado não me abandona em momento algum.
Por isso, aconselho-vos: evitai este mal. Que cada um permaneça 35
  junto ao objeto de seu cuidado e não mude o lugar do
                                                    [amor usual.
Se alguém fizer ouvidos moucos aos meus conselhos,
  ai dele! com que dor relembrará as palavras que eu disse.
                                                    Z.A.C.

I 2

Por que tens tanto prazer, vida minha, em andar com os cabelos
                                                    [enfeitados,
  em fazer ondular as leves pregas de teu traje, de tecido de Cós?
Por que tens tanto prazer em inundar os cabelos com mirra
                                                    [do Orontes
  e vender-te por presentes estrangeiros?
Por que tens tanto prazer em trocar tua beleza natural por um
                                                    [luxo comprado 5
  e em não permitir que teus membros brilhem com seus
                                                    [próprios dotes?
Crê-me: nenhum cosmético é necessário ao teu semblante;
  o Amor é nu e não ama os artifícios da beleza.

Aspice quos summittat humus formosa colores,
    ut ueniant hederae sponte sua melius   10
surgat et in solis formosius arbutus antris
    et sciat indocilis currere lympha uias;
litora natiuis persuadent picta lapillis
    et uolucres nulla dulcius arte canunt.
Non sic Leucippis succendit Castora Phoebe,   15
    Pollucem cultu non Hilaira soror;
non, Idae et cupido quondam discordia Phoebo,
    Eueni patriis filia litoribus;
nec Phrygium falso traxit candore maritum
    auecta externis Hippodamia rotis;   20
sed facies aderat nullis obnoxia gemmis,
    qualis Apelleis est color in tabulis.
Non illis studium uulgo conquirere amantis:
    illis ampla satis forma pudicitia.
Non ego nunc uereor ne sim tibi uilior istis: 25
    uni si qua placet, culta puella sat est,
cum tibi praesertim Phoebus sua carmina donet
    Aoniamque libens Calliopea lyram
unica nec desit iucundis gratia uerbis
    omnia quaeque Venus quaeque Minerua probat.   30
His tu semper eris nostrae gratissima uitae,
    taedia dum miserae sint tibi luxuriae.

I 20

Hoc pro continuo te, Galle, monemus amore;
    id tibi ne uacuo defluat ex animo:

Observa as cores formosas que a terra produz
    para que as heras, espontaneamente, cresçam mais belas;   10
para que, nas grutas abandonadas, o medronheiro surja mais formoso
    e as águas indóceis saibam percorrer o seu caminho.
As praias atraem, matizadas com seixos nativos,
    e os pássaros, sem aprender, cantam com doçura maior.
Não foi assim que Febe, a filha de Leucipo, inflamou o coração
                                           [de Cástor;   15
    não foi pela beleza cultivada que Hilaíra, sua irmã, inflamou
                                               [o de Pólux;
não foi assim que a filha de Eveno, na praia do seu país,
    foi motivo de discórdia para Idas e para o cúpido Febo;
não foi com a falsa brancura de uma tez pintada que Hipodâmia,
    raptada por um carro estrangeiro, conquistou um esposo frígio: 20
seu rosto não devia nada às pedras preciosas;
    tal é o seu aspecto nos quadros de Apeles.
Nenhuma delas teve a intenção de conquistar o amante de
                                                     [forma vulgar;
    nelas, o grande pudor já era suficiente formosura.
Não tenho receio de ser para ti menos do que todos estes.   25
    Se uma mulher agrada a um único homem, ela já é enfeitada
principalmente quando Febo te oferece seus versos
    e a jovial Calíope, sua lira aônia.
Não te falta a graça das palavras belas
    e tudo o que Vênus e Minerva aprovam.   30
Serás sempre o encanto de minha existência
    desde que sintas repulsas por todo esse luxo infeliz.

                                                                             Z.A.C.

I 20

Em nome de uma longa amizade, Galo, eis o conselho que te dou
    (e que ele não te saia da mente, mesmo que ela se esvazie):

"saepe imprudenti fortuna occurrit amanti",
    crudelis Minyis dixerit Ascanius.
Est tibi non infra speciem, non nomine dispar,   5
    Theiodamanteo proximus ardor Hylae:
hunc tu, siue leges umbrosae flumina siluae
    siue Aniena tuos tinxerit unda pedes
siue Gigantea spatiabere litoris ora
    siue ubicumque uago fluminis hospitio,   10
Nympharum semper cupidas defende rapinas
    (non minor Ausoniis est amor Adryasin)
ne tibi sint duri montes et frigida saxa,
    Galle, neque expertos semper adire lacus;
quae miser ignotis error perpessus in oris   15
    Herculis indomito fleuerat Ascanio.
Namque ferunt olim Pagasae naualibus Argon
    egressam longe Phasidos isse uiam
et iam praeteritis labentem Athamantidos undis
    Mysorum scopulis applicuisse ratem.   20
Hic manus heroum, placidis ut constitit oris
    mollia composita litora fronde tegit;
at comes inuicti iuuenis processerat ultra
    raram sepositi quaerere fontis aquam.
Hunc duo sectati fratres, Aquilonia proles,   25
    hunc super et Zetes hunc super et Calais
oscula suspensis instabant carpere palmis
    oscula et alterna ferre supina fuga;
ille sub extrema pendens secluditur ala
    et uolucres ramo summouet insidias.   30
Iam Pandioniae cessat genus Orithyiae:
    a dolor! Ibat Hylas, ibat Hamadryasin.
Hic erat Arganthi Pegae sub uertice montis
    grata domus Nymphis umida Thyniasin,
quam supra nullae pendebant debita curae   35
    roscida desertis poma sub arboribus,

"A sorte sempre se opõe ao amante imprudente",
  poderia dizer Ascânio, cruel em relação aos Mínias.
Tens, de atributos não inferiores e de nome igual,
  um amigo semelhante a Hilas, o filho de Teodamante.
Defende-o, pois, quer percorras os rios de uma floresta umbrosa,
  quer banhem teus pés as ondas do rio Ânio,
quer vagueies pelas praias dos gigantes
  ou, onde quer que seja, num casual abrigo de águas.
Defende-o, sempre, da cúpida sedução das Ninfas
  (não é menor o amor das Hamadríades ausônias),
para que os montes não te sejam hostis nem geladas as rochas
  e para que não permaneças junto a lagos desconhecidos.
O triste erro de Hércules, vagueando em praias estranhas,
  fê-lo chorar suas mágoas, diante do indomável Ascânio.
Dizem, com efeito, que Argo, certo dia, saindo do estaleiro de Págasa,
  se dirigia, em sua rota, para longe de Fásis
e, depois de ultrapassar as ondas do Atamante,
  a nave, deslizando, aportou entre os rochedos da Mísia.
Ali, um punhado de heróis, para descansar nas paragens tranqüilas,
  cobriu com ramagens ordenadas a macia areia da praia.
Mas um dos companheiros do jovem invicto partiu para longe
  a fim de procurar a água fresca de uma fonte apartada.
Os dois irmãos, filhos de Aquilão, seguiram-no voando sobre ele:
  de um lado, Zetes; mais acima, Cálais.
Procuravam roubar-lhe beijos, suspendendo-se em suas asas,
  e arrancavam-lhe beijos, fugindo alternadamente para trás.
Sendo arrebatado, no último vôo, Hilas se afasta
  e tenta repelir, com um ramo de árvore, as ameaças que vêm
  [pelo ar.
Os filhos de Orítia, filha de Pandião, cessam a brincadeira mas,
  oh! desgraça! Hilas partia, partia em direção às Hamadríades.
Ali, sob o vértice do monte Arganto, estavam as nascentes,
  a querida residência aquática das Ninfas da Bitínia,
sobre a qual pendiam, sem cultivo nenhum,
  frutos orvalhados das árvores solitárias.

et circum irriguo surgebant lilia prato
  candida purpureis mixta papaueribus.
Quae modo decerpens tenero pueriliter ungui
  proposito florem praetulit officio   40
et modo formosis incumbens nescius undis
  errorem blandis tardat imaginibus.
Tandem haurire parat demissis flumina palmis
  innixus dextro plena trahens umero;
cuius ut accensae Dryades candore puellae   45
  miratae solitos destituere choros,
prolapsum leuiter facili traxere liquore:
  tum sonitum rapto corpore fecit Hylas.
Cui procul Alcides iterat responsa, sed illi
  nomen ab extremis fontibus aura refert.   50
His, o Galle, tuos monitus seruabis amores,
  formosum Nymphis credere uisus Hylan.

II 15

O me felicem! O nox mihi candida! Et o tu
  lectule deliciis facte beate meis!
Quam multa apposita narramus uerba lucerna
  quantaque sublato lumine rixa fuit!
Nam modo nudatis mecum est luctata papillis,   5
  interdum tunica duxit operta moram.
Illa meos somno lassos patefecit ocellos
  ore suo et dixit "Sicine, lente, iaces?"
Quam uario amplexu mutamus bracchia! Quantum
  oscula sunt labris nostra morata tuis!   10
Non iuuat in caeco Venerem corrumpere motu:
  si nescis, oculi sunt in amore duces.
Ipse Paris nuda fertur periisse Lacaena,
  cum Menelaeo surgeret e thalamo;

Ao redor do lago, num campo umedecido,
    nasciam lírios alvos de mistura a papoulas cor de púrpura.
Quebrando um dos talos, de maneira infantil, com a mão delicada,
    ele colheu uma flor, distraidamente,   40
e, sem perceber o erro, caindo nas águas formosas,
    ali se retarda, a contemplar belas imagens.
Prepara-se, então, para sair, bracejando nas ondas,
    firmando-se no braço direito e agitando as águas.
As Dríades, entretanto, inflamadas pela alvura do jovem,   45
    abandonaram, admiradas, suas danças costumeiras;
arrastaram-no, sem demora, para o seio do lago.
    Com o corpo arrebatado, Hilas emitiu um triste som.
Alcides, de longe, pede a ele uma resposta
    mas a brisa traz seu nome, do fundo das fontes.   50
Advertido por estas palavras, Galo, poderás conservar teu amor:
    não ouses confiar teu formoso Hilas à paixão das Ninfas.
                                                            Z.A.C.

II 15

Feliz de mim! Ó noite luminosa! E tu, querido leito,
    como te tornaste feliz com os prazeres que eu vivi!
Quantas palavras nos dissemos com a lâmpada ainda acesa
    e que lutas nós travamos depois que se apagou a luz!
Por vezes ela combateu comigo com os seios nus;   5
    por vezes sua túnica fechada construiu um obstáculo.
Com seus lábios ela abria meus olhos cerrados pelo sono
    e me dizia: "É assim, preguiçoso? Dormes?"
Quantos abraços diferentes nós nos demos!
    Que beijos tão longos pousei em tua boca!   10
Não é bom estragar os dons de Vênus com movimentos cegos;
    se não sabes, os olhos são os guias no amor.
Dizem que o próprio Páris se perdeu pela moça da Lacônia
    quando ela se levantou nua do leito de Menelau.

nudus et Endymion Phoebi cepisse sororem 15
  dicitur et nudae concubuisse Deae.
Quod si pertendens animo uestita cubaris,
  scissa ueste meas experiere manus;
quin etiam, si me ulterius prouexerit ira,
  ostendes matri bracchia laesa tuae. 20
Necdum inclinatae prohibent te ludere mammae:
  uiderit haec, si quam iam peperisse pudet.
Dum nos fata sinunt, oculos satiemus amore:
  nox tibi longa uenit, nec reditura dies.
Atque utinam haerentis sic nos uincire catena 25
  uelles ut numquam solueret ulla dies!
Exemplo uinctae tibi sint in amore columbae,
  masculus et totum femina coniugium.
Errat, qui finem uesani quaerit amoris:
  uerus amor nullum nouit habere modum. 30
Terra prius falso partu deludet arantis
  et citius nigros Sol agitabit equos
fluminaque ad caput incipient reuocare liquores
  aridus et sicco gurgite piscis erit
quam possim nostros alio transferre dolores: 35
  huius ero uiuus, mortuus huius ero.
Quod mihi si secum talis concedere noctes
  illa uelit, uitae longus et annus erit.
Si dabit haec multas, fiam immortalis in illis:
  nocte una quiuis uel deus esse potest. 40
Qualem si cuncti cuperent decurrere uitam
  et pressi multo membra iacere mero,
non ferrum crudele neque esset bellica nauis,
  nec nostra Actiacum uerteret ossa mare
nec totiens propriis circum oppugnata triumphis 45
  lassa foret crinis soluere Roma suos.
Haec certe merito poterunt laudare minores:
  laeserunt nullos pocula nostra Deos.
Tu modo, dum lucet, fructum ne desere uitae!

Foi nu que Endimião conquistou a irmã de Febo 15
   e dizem que se deitou com a Deusa também nua. Portanto,
se, persistindo em tua determinação, te deitares vestida,
   provarás o vigor de minhas mãos nas vestes rasgadas
e se a raiva me levar mais para longe,
   mostrarás a tua mãe as marcas em teus braços. 20
Ainda não te impedem de te divertires seios decadentes;
   que pense de outra forma quem tiver vergonha por ter sido mãe.
Enquanto os fados nos permitem, saciemos nossos olhos no amor.
   A longa noite chegará para ti e o dia jamais há de voltar.
Oxalá quisesses que fôssemos atados juntos por uma cadeia 25
   e nenhum dia, jamais, poderia libertar-nos.
Que te sirvam de modelo as pombinhas vencidas pelo amor:
   o macho e a fêmea constituem o casal.
Está errado quem supõe que exista fim de um amor apaixonado;
   o amor verdadeiro jamais conheceu qualquer limitação. 30
A terra enganará o agricultor com uma falsa produção,
   o Sol conduzirá pelo espaço cavalos negros
e os rios farão as águas voltarem à nascente
   e os peixes viverão sedentos num abismo seco
antes que eu possa transferir para uma outra o amor que sinto. 35
   Dela eu serei, vivo; morto, eu serei dela.
Se ela me conceder outras noites como esta,
   será imensa a seara de minha vida.
Se me der muitas noites, serei imortal por causa delas:
   qualquer um pode ser um deus em apenas uma noite como essa. 40
Se todos desejassem passar a vida assim
   e deitar-se com os membros encharcados de muito vinho,
o ferro cruel não existiria, não existiriam navios de guerra,
   o mar de Ácio não revolveria nossos ossos
e Roma, perseguida tantas vezes pelos próprios triunfos, 45
   não haveria de soltar, desfalecida, seus cabelos.
Isto, a posteridade poderá louvar-me com justiça:
   minhas taças jamais ofenderam os Deuses!
E tu, enquanto brilha a luz, não desprezes os frutos da vida.

Omnia si dederis oscula, pauca dabis. 50
Ac ueluti folia arentis liquere corollas,
   quae passim calathis strata natare uides,
sic nobis, qui nunc magnum speramus amantes,
   forsitan includet crastina fata dies.

II 17

Mentiri noctem, promissis ducere amantem,
   hoc erit infectas sanguine habere manus!
Horum ego sum uates, quotiens desertus amaras
   expleui noctes, fractus utroque toro.
Vel tu Tantalea moueare ad flumina sorte 5
   ut liquor arenti fallat ab ore sitim;
uel tu Sisyphios licet admirere labores
   difficile ut toto monte uolutet onus;
durius in terris nihil est quod uiuat amante
   nec, modo si sapias, quod minus esse uelis. 10
Quem modo felicem inuidia admirante ferebant,
   nunc decimo admittor uix ego quoque die.
Nunc iacere e duro corpus iuuat, impia, saxo
   sumere et in nostras trita uenena manus;
nec licet in triuiis sicca requiescere luna 15
   aut per rimosas mittere uerba fores.
Quod quamuis ita sit, dominam mutare cauebo
   tum flebit, cum in me senserit esse fidem.

III 2

Carminis interea nostri redeamus in orbem,
   gaudeat in solito tacta puella sono.

Mesmo se deres todos os beijos, terás dado poucos. 50
Assim como abandonam as flores secas
  as pétalas que vês boiar, caídas sobre os copos,
assim também a nós, que agora, como amantes, esperamos
                                 [grandes coisas,
  o dia de amanhã talvez nos traga a morte.

                                                Z.A.C.

II 17

Mentir sobre uma noite, manobrar o amante com promessas
  é o mesmo que manchar as mãos de sangue.
Sou um vate nestas coisas, eu que passei sozinho
  tantas noites amargas, despedaçado em meu leito.
Junto ao rio de Tântalo, pois que a água engana a sede 5
  da boca ressequida, tu te comoverias com a sua sorte;
tu te espantarias, por certo, com o castigo de Sísifo,
  pois que ele rola constantemente um grande peso, morro acima.
Mas nada é mais duro, na terra, do que a vida de um amante
  e não deverias desejá-la se tens alguma sabedoria. 10
Em outros tempos, com admiração invejosa, diziam que eu era feliz.
  Hoje, sou recebido a custo, a cada dez dias.
Seria melhor, jovem impiedosa, que eu me atirasse de um rochedo
  ou que bebesse veneno triturado por minhas próprias mãos;
não posso dormir na esquina, sob a luz opaca da lua, 15
  ou enviar-te palavras por entre as frestas da porta.
Entretanto, embora seja assim, cuidarei de não mudar de amada:
  sei que ela vai chorar quando perceber como sou fiel.

                                                Z.A.C.

III 2

Voltemos, enquanto isso, ao cerne do nosso canto:
  alegre-se a garota ouvindo o som costumeiro.

Orphea detinuisse feras et concita dicunt
  flumina Threicia sustinuisse lyra;
saxa Cithaeronis Thebas agitata per artem   5
  sponte sua in muri membra coisse ferunt;
quin etiam, Polypheme, fera Galatea sub Aetna
  ad tua rorantis carmina flexit equos:
miremur, nobis et Baccho et Apolline dextro,
  turba puellarum si mea uerba colit?   10
Quod non Taenariis domus est mihi fulta columnis
  nec camera auratas inter eburna trabes
nec mea Phaeacas aequant pomaria siluas
  non operosa rigat Marcius antra liquor,
at Musae comites et carmina cara legenti   15
  et defessa choris Calliopea meis.
Fortunata, meo si qua est celebrata libello!
  Carmina erunt formae tot monumenta tuae.
Nam neque Pyramidum sumptus ad sidera ducti
  nec Iouis Elei caelum imitata domus   20
nec Mausolei diues fortuna sepulcri
  mortis ab extrema condicione uacant;
aut illis flamma aut imber subducit honores,
  annorum aut ictu pondere uicta ruent.
At non ingenio quaesitum nomen ab aeuo   25
  excidet: ingenio stat sine morte decus.

III 3

Visus eram molli recubans Heliconis in umbra,
  Bellerophontei qua fluit umor equi,
reges, Alba, tuos et regum facta tuorum,
  tantum operis, neruis hiscere posse meis;
paruaque tam magnis admoram fontibus ora   5
  unde pater sitiens Ennius ante bibit

Dizem que Orfeu, com a lira trácia, deteve as feras
   e reteve impetuosos rios.
Contam que as pedras do Citéron, atraídas a Tebas
   pela arte, espontaneamente se juntaram a pedaços de muro.
E mais ainda, Polifemo, Galatéia, no sopé do fero Etna,
   aos teus cantos desviou os cavalos orvalhados:
admirar-nos-emos se, propícios Baco e Apolo,
   bandos de garotas cultuarem palavras minhas?
Não tenho uma casa sustentada por colunas de Tênaro,
   nem abóbadas de marfim entre vigas douradas,
nem se igualam meus pomares aos jardins feácios:
   não banha a água de Márcio elaboradas grutas.
Mas tenho as Musas, como companheiras, e cantos caros ao leitor,
   e Calíope, cansada dos meus coros.
Afortunada se houveres sido celebrada no meu livro:
   quantos cantos houver tantos haverá monumentos à tua beleza.
Ora, nem os custos das Pirâmides, levados aos astros,
   nem a morada de Júpiter Eleu, imitando o céu,
nem a grande riqueza do sepulcro de Mausolo
   estão livres da extrema condição, a morte:
ou a chama ou a chuva lhes roubam as honras,
   ou ruirão vencidos pelo impacto ou pelo peso da idade.
Mas o nome conquistado pelo gênio não morrerá:
   permanece firme e viva, para o gênio, a glória.

                                            M.G.N.

III 3

Havia-me parecido, reclinado à sombra amena do Helicão,
   por onde flui a água do cavalo de Belerofonte,
os teus reis, Alba, e os atos dos teus reis,
   tamanha obra, poder cantar, nas cordas da minha lira.
Tinha eu aproximado os meus pobres lábios de tão grandes fontes,
   das quais, sedento, bebeu antes o velho Ênio:

et cecinit Curios fratres et Horatia pila
  regiaque Aemilia uecta tropaea rate
uictricesque moras Fabii pugnamque sinistram
  Cannensem et uersos ad pia uota Deos   10
Hannibalemque Lares Romana sede fugantis
  anseris et tutum uoce fuisse Iouem,
cum me Castalia speculans ex arbore Phoebus
  sic ait, aurata nixus ad antra lyra:
"Quid tibi cum tali, demens, est flumine? Quis te   15
  carminis heroi tangere iussit opus?
Non hinc ulla tibi speranda est fama, Properti:
  mollia sunt paruis prata terenda rotis,
ut tuus in scamno iactetur saepe libellus
  quem legat exspectans sola puella uirum.   20
Cur tua praescripto seuecta est pagina gyro?
  Non est ingenii cumba grauanda tui.
Alter remus aquas alter tibi radat harenas,
  tutus eris: medio maxima turba mari est".
Dixerat, et plectro sedem mihi monstrat eburno,   25
  qua noua muscoso semita facta solo est.
Hic erat affixis uiridis spelunca lapillis
  pendebantque cauis tympana pumicibus,
orgia Musarum et Sileni patris imago
  fictilis et calami, Pan Tegeaee, tui;   30
et Veneris dominae uolucres, mea turba, columbae
  tingunt Gorgoneo punica rostra lacu;
diuersaeque nouem sortitae rura Puellae
  exercent teneras in sua dona manus:
haec hederas legit in thyrsos, haec carmina neruis 35
  aptat, at illa manu texit utraque rosam.
E quarum numero me contigit una Dearum
  (ut reor a facie, Calliopea fuit):
"Contentus niueis semper uectabere cycnis
nec te fortis equi ducet ad arma sonus.   40

e cantou os irmãos Cúrios e os dardos horácios,
　e os régios troféus trazidos pelo barco de Emílio,
e as vencedoras demoras de Fábio, e a sinistra batalha
　de Canas, e os Deuses favoráveis aos piedosos votos,　　　　　　　　10
e os Lares afugentando Aníbal da Pátria romana,
　e Júpiter, que teria sido salvo pela voz do ganso,
quando Febo, observando-me de uma árvore da Castália,
　assim fala, junto à gruta, apoiando-se na dourada lira:
"Que tens, demente, com tal rio? Quem ordenou　　　　　　　　　　15
　que te entregasses à obra do canto heróico?
Nenhuma fama deves esperar daí, Propércio:
　prados amenos devem ser trilhados por pequenas rodas
para que seja posto de lado, muitas vezes, o teu livro,
　que uma garota leia, ao esperar, sozinha, o amigo.　　　　　　　　20
Por que se afastou a tua página do círculo prescrito?
　Não deves agravar a barca do teu gênio.
Um remo te raspe as águas, outro as areias
　e estarás seguro: é grandíssima no meio do mar a turbulência".
Calou-se. E com o plectro ebúrneo mostra-me o lugar　　　　　　　25
　por onde, no solo coberto de musgo, se fez uma nova senda.
Havia uma verde cavidade, aí, forrada de pedrinhas,
　e pendiam tambores das ocas rochas,
objetos sagrados das Musas, e uma imagem de barro
　do velho Sileno, e os teus cálamos, Pã Tegeu.　　　　　　　　　　30
E as aves da protetora Vênus – o meu bando, as pombas –
　mergulham bicos purpúreos no lago das Górgonas.
E as nove Jovens, separando-se depois de sortear os seus domínios,
　põem a trabalhar nos seus dons as delicadas mãos:
esta colhe hera para os tirsos, esta os cantos acomoda　　　　　　　35
　à lira enquanto aquela, com as mãos ambas, entrelaça rosas.
Dentre essas Deusas, uma tocou-me
　(segundo calculo pela aparência, foi Calíope):
"Sempre, contente, serás puxado por níveos cisnes,
　e não te chamará às armas o rincho de um cavalo forte.　　　　　40

Nil tibi sit rauco praeconia classica cornu
  flere nec Aonium tinguere Marte nemus;
aut quibus in campis Mariano proelia signo
  stent et Teutonicas Roma refringat opes,
barbarus aut Sueuo perfusus sanguine Rhenus   45
  saucia maerenti corpora uectet aqua.
Quippe coronatos alienum ad limen amantis
  nocturnaeque canes ebria signa fugae
ut per te clausas sciat excantare puellas,
  qui uolet austeros arte ferire uiros".   50
Talia Calliope, lymphisque a fonte petitis
  ora Philetaea nostra rigauit aqua.

III 4

Arma deus Caesar dites meditatur ad Indos
  et freta gemmiferi findere classe maris.
Magna uiri merces, parat ultima terra triumphos:
  Tigris et Euphrates sub tua iura fluent;
sera, sed Ausoniis ueniet prouincia uirgis;   5
  assuescent Latio Partha tropaea Ioui.
Ite agite, expertae bello date lintea prorae
  et solitum armigeri ducite munus equi!
Omina fausta cano. Crassos clademque piate!
  Ite et Romanae consulite historiae!   10
Mars pater et sacrae lumina Vestae,
  ante meos obitus sit precor illa dies,
qua uideam spoliis oneratos Caesaris axis,
  ad uulgi plausus saepe resistere equos,

Não tenhas de chorar na rouca trombeta panegíricos
   navais nem mergulhar em Marte o bosque Aônio.
[Nem tenhas de cantar] em que planícies travam lutas as insígnias
                                                        [de Mário,
   e Roma quebra as forças teutônicas,
ou o bárbaro Reno, inundado de sangue suevo,   45
   arrasta nas tristes águas feridos corpos.
Porque cantarás amantes coroados em alheios
   limiares e ébrios sinais de fuga noturna,
para que, graças a ti, saiba enfeitiçar jovens enclausuradas
   aquele que desejar ferir, com arte, varões austeros".   50
Falou Calíope. E, chegando às ondas que vêm da fonte,
   borrifou-nos os lábios com água de Filetas.

                                                        M.G.N.

III 4

O divino César pensa em levar as suas armas à rica Índia,
   em fender, com a sua armada, as ondas do mar gemífero.
É esta a grande recompensa de um homem: a terra
                [mais distante lhe prepara um triunfo.
   O Tigre e o Eufrates correrão debaixo de tuas ordens.
Embora tardiamente aquela província se colocará sob as vergas
                                                    [ausônias, 5
   e os troféus partos serão familiares a Júpiter, no Lácio.
Eia, vamos, soltai as velas do navio experiente em façanhas guerreiras
   e trazei, como cavaleiros belicosos, o prêmio costumeiro.
Canto presságios felizes. Vingai a Crasso e a sua desgraça.
   Ide e tomai conselho com a história romana.   10
Pai Marte e vós, chamas fatais da sagrada Vesta,
   peço-vos que chegue, antes de minha morte, aquele dia
no qual eu possa ver o carro de César carregado de despojos,
   e seus cavalos pararem muitas vezes por causa do aplauso
                                                [da multidão;

inque sinu carae nixus spectare puellae
   incipiam et titulis oppida capta legam,
tela fugacis equi et bracati militis arcus
   et subter captos arma sedere duces!
Ipsa tuam serua prolem, Venus: hoc sit in aeuum,
   cernis ab Aenea quod superesse caput.
Praeda sit haec illis, quorum meruere labores:
   me sat erit Sacra plaudere posse Via.

IV 4

Tarpeium nemus et Tarpeiae turpe sepulcrum
   fabor et antiqui limina capta Iouis.
Lucus erat felix heredoso conditus antro
   multaque natiuis obstrepit arbor aquis,
Siluani ramosa domus, quo dulcis ab aestu
   fistula poturas ire iubebat ouis.
Hunc Tatius fontem uallo praecingit acerno
   fidaque suggesta castra coronat humo.
Quid tum Roma fuit, tubicen uicina Curetis
   cum quateret lento murmure saxa Iouis
atque, ubi nunc terris dicuntur iura subactis,
   stabant Romano pila Sabina Foro?
Murus erant montes; ubi nunc est Curia saepta,
   bellicus ex illo fonte bibebat equus.
Hinc Tarpeia Deae fontem libauit; at illi
   urgebat medium fictilis urna caput.
Et satis una malae potuit mors esse puellae,
   quae uoluit flammas fallere, Vesta, tuas?
Vidit harenosis Tatium proludere campis
   pictaque per flauas arma leuare iubas:

começarei a ver o espetáculo, apertado ao peito de minha amada, 15
  e lerei, nas inscrições, o nome das cidades conquistadas:
verei as lanças dos cavaleiros que fugiram, os arcos dos soldados
                                              [agrilhoados
  e os generais cativos, sentados sob as próprias armas.
Salva tua prole, Vênus. Que permaneça para sempre
  a raça de Enéias que tu vês subsistir. 20
Que a presa seja para aqueles cujo trabalho a mereceu.
  Para mim será suficiente poder aplaudi-los na Via Sacra.
                                                    Z.A.C.

IV 4

Cantarei o bosque Tarpeio, o infame sepulcro
  de Tarpéia e a captura da antiga soleira de Júpiter.
Oculto por hederosa gruta, havia um bosque sagrado
  onde árvores numerosas abafavam o ruído das águas nascentes:
ramosa morada de Silvano, para lá sua doce flauta convidava 5
  as ovelhas a beber nas horas de ardente calor.
A esta fonte Tácio rodeia com uma paliçada de bordo,
  e cobre as seguras trincheiras com um muro de terra.
O que era Roma então, quando de perto a trombeta dos curetes
  abalava com prolongado ruído os rochedos de Júpiter, 10
e os dardos sabinos se postavam em pleno fórum romano,
  onde agora se ditam leis às terras subjugadas?
As muralhas não passavam de montes, e onde hoje fica a cúria septa
  havia um manancial onde iam beber cavalos bravios.
Dele Tarpéia apanhou água para a Deusa, e a urna 15
  de barro pesava-lhe sobre a cabeça.
"Uma só morte é castigo bastante, ó Vesta, para esta jovem
  funesta que quis trair tuas chamas?"
Ela viu Tácio exercitar-se nos campos arenosos
  e brandir suas armas ornadas de crinas douradas. 20

obstipuit regis facie et regalibus armis
   interque oblitas excidit urna manus.
Saepe illa immeritae causata est omina lunae
   et sibi tingendas dixit in amne comas;
saepe tulit blandis argentea lilia Nymphis   25
   Romula ne faciem laederet hasta Tati;
dumque subit primo Capitolia nubila fumo,
   rettulit hirsutis bracchia secta rubis
et sua Tarpeia residens ita fleuit ab arce
   uulnera, uicino non patienda Ioui: 30
"Ignes castrorum et Tatiae praetoria turmae
   et famosa oculis arma Sabina meis!
O! Vtinam ad uestros sedeam captiua Penatis,
   dum captiua mei conspicer esse Tati!
Romani montes et montibus addita Roma   35
   et ualeat probro Vesta pudenda meo:
ille equus, ille meos in castra reponet amores,
   cui Tatius dextras collocat ipse iubas!
Quid mirum in patrios Scyllam saeuisse capillos
   candidaque in saeuos inguina uersa canis?   40
Prodita quid mirum fraterni cornua monstri,
   cum patuit lecto stamine torta uia?
Quantum ego sum Ausoniis crimen factura puellis,
   improba uirgineo lecta ministra foco!
Pallados exstinctos si quis mirabitur ignis,   45
   ignoscat: lacrimis spargitur ara meis.
Cras, ut rumor ait, tota cessabitur Vrbe:
   tu cape spinosi rorida terga iugi.
Lubrica tota uia est et perfida, quippe tacentis
   fallaci celat limite semper aquas.   50
O! Vtinam magicae nossem cantamina Musae!
   Haec quoque formoso lingua tulisset opem.

Deslumbrada pela aparência do rei e pelas armas reais,
    deixa escapar a urna de suas mãos esquecidas.
Muitas vezes pretextou ela um presságio lunar,
    e disse a si mesma que devia mergulhar seus cabelos no rio:
muitas vezes ofereceu a doces Ninfas lírios argênteos   25
    para que a lança dos filhos de Rômulo não ferisse o rosto de Tácio.
Depois, subindo o Capitólio coberto da bruma da tarde,
    regressa, os braços esfolados por espinhos pontudos;
e, sentando-se no baluarte Tarpeio, assim chorou
    suas mágoas, ao lado de Júpiter, que não as tolera: 30
"Fogos dos campos, tendas do batalhão de Tácio,
    armas sabinas, ilustres a meus olhos!
Oh! Pudesse eu me sentar, cativa, aos pés de vossos Penates,
    contanto que a todos parecesse cativa de meu Tácio!
Montes romanos, Roma, construída sobre colinas,   35
    e tu, Vesta, que hás de envergonhar-te pelo meu crime, adeus!
Aquele cavalo, cujas crinas o próprio Tácio acaricia,
    introduzirá meus amores no acampamento.
Por que admirar-se de que Cila tenha maltratado os cabelos do pai,
    e de que seus flancos tenham sido expostos aos cães cruéis?   40
Por que admirar-se dos cornos traídos do irmão monstro
    quando o tortuoso caminho se abriu ao fio que era colhido?
Que crime enorme não vou cometer contra as jovens ausônias, eu,
    sacerdotisa indigna do fogo da Virgem!
Se alguém se espantar em ver o fogo do Paládio extinto,   45
    que me perdoe: o altar está banhado de lágrimas minhas.
Amanhã, segundo diz o rumor, os combates cessarão por toda
                                                            [a Cidade.
    Tu, toma o flanco orvalhado da espinhosa colina.
Todo o caminho é escorregadio e enganoso, pois ele encerra
    num sulco insidioso suas águas silentes.   50
Oh! Soubesse eu os encantamentos da Musa mágica!
    Então esta minha língua também levaria socorro ao meu belo.

Te toga picta decet, non quem sine matris honore
  nutrit inhumanae dura papilla lupae.
Sin hospes Patria metuar regina sub aula, 55
  dos tibi non humilis prodita Roma uenit;
si minus, ut raptae ne sint impune Sabinae;
  me rape et alterna lege repende uices!
Commissas acies ego possum soluere: nuptae,
  uos medium palla foedus inite mea. 60
Adde, Hymenaee, modos; tubicen fera murmura conde:
  credite, uestra meus molliet arma torus.
Et iam quarta canit uenturam bucina lucem
  ipsaque in Oceanum sidera lapsa cadunt.
Experiar somnum, de te mihi somnia quaeram: 65
  fac uenias oculis umbra benigna meis".
Dixit et incerto permisit bracchia somno,
  nescia se Furiis accubuisse nouis.
Nam Vesta, Iliacae felix tutela fauillae,
  culpam alit et plures condit in ossa faces. 70
Illa ruit, qualis celerem prope Thermodonta
  Strymonis abscisso fertur aperta sinu.
Vrbi festus erat (dixere Parilias patres);
  hic primus coepit moenibus esse dies:
annua pastorum conuiuia, lusus in urbe, 75
  cum pagana madent fercula diuitiis
cumque super raros faeni flammantis aceruos
  traicit immundos ebria turba pedes.
Romulus excubias decreuit in otia solui
  atque intermissa castra silere tuba. 80
Hoc Tarpeia suum tempus rata conuenit hostem:
  pacta ligat, pactis ipsa futura comes.
Mons erat ascensu dubius festoque remissus;
  nec mora, uocalis occupat ense canis.

É a ti que convém a toga bordada, não àquele que, privado do
            [carinho materno,
   foi nutrido pela rude teta de uma loba feroz.
Mas se eu, como rainha estrangeira, for respeitada no palácio
            [de tua Pátria,
   Roma traída te caberá como não desprezível dote.
Ou, então, que o rapto das sabinas não fique impune:
   arrebata-me, e por tua vez vinga o destino!
Eu posso apartar os batalhões combatentes; e vós, matronas,
   celebrai sobre meu manto nupcial uma aliança conciliatória!
Himeneu, acompanha-me com teus modos; trombeta, põe de
            [lado teus rudes sons;
   crede-me: meu amor conjugal apartará vossas armas!
Já o quarto toque anuncia a luz que se aproxima,
   e as próprias estrelas inclinam-se para o Oceano e caem.
Tentarei o sono, a ele pedirei sonhos de ti.
   Sombra benigna, vem para meus olhos!"
Tendo assim lamentado, abandona os braços a um sono incerto,
   sem saber que se deitava junto a novas Fúrias.
Pois Vesta, Deusa protetora das cinzas de Ílion,
   nutre sua culpa, e muitas tochas finca em seus ossos.
Como a Amazona, junto ao rápido Termodonte,
   ferido o peito nu, ela se atira à morte.
Era dia de festa na cidade (nossos pais chamavam-na *Parílias*):
   nesse dia comemorava-se a fundação das muralhas da Cidade.
Todos os anos havia banquetes de pastores e jogos na cidade:
   os pratos dos camponeses transbordavam de abundância,
e sobre alguns montes de feno em chamas
   a multidão embriagada salta com pés imundos.
Rômulo ordenara aos sentinelas que descansassem,
   e que a trombeta silenciasse no acampamento desocupado.
Tarpéia, decidida, encontra-se com o inimigo nesta hora;
   firma os acordos: ela mesma irá a seu lado.
O monte era de difícil acesso, mas estava indolente por causa da festa;
   sem demora, Tarpéia domina com a espada os ruidosos cães.

Omnia praebebant somnos; sed Iuppiter unus 85
  decreuit poenis inuigilare tuis.
Prodiderat portaeque fidem Patriamque iacentem
  nubendique petit, quem uelit, ipsa diem.
At Tatius (neque enim sceleri dedit hostis honorem)
  "Nube", ait, "et regni scande cubile mei!" 90
Dixit et ingestis comitum super obruit armis:
  haec, uirgo, officiis dos erat apta tuis.
A duce Tarpeia mons est cognomen adeptus:
  o uigil, iniustae praemia sortis habes.

Tudo se rendera ao sono, somente Júpiter 85
　ficara a velar para teu castigo.
Ela já havia entregue a guarda da porta e a Pátria adormecida,
　e ousa perguntar-lhe que dia escolheria para as núpcias.
Mas Tácio (pois o inimigo não honrava a traição)
　lhe diz: "Casa-te e alça-te ao leito de meu reino!" 90
Tendo dito isso, precipita-a sobre as armas dos companheiros.
　Este foi, ó virgem, um dote adequado aos teus feitos.
O monte adquiriu este nome por ter sido Tarpéia o guia da invasão.
　Sentinela, tens os prêmios de uma sorte injusta.

　　　　　　　　　　　　　　　　　　　　　W.S.C.L.

PVBLIVS OVIDIVS NASO

PÚBLIO OVÍDIO NASO

AMORES III 9

Memnona si mater, mater plorauit Achillem
   et tangunt magnas tristia fata Deas,
flebilis indignos, Elegeia, solue capillos.
   A! Nimis ex uero nunc tibi nomen erit.
Ille tui uates operis, tui fama, Tibullus 5
   ardet in extructo, corpus inane, rogo.
Ecce, puer Veneris fert euersamque pharetram
   et fractos arcus et sine luce facem.
Aspice, demissis ut eat miserabilis alis
   pectoraque infesta tundat aperta manu; 10
excipiunt lacrimas sparsi per colla capilli,
   oraque singultu concutiente sonant.
Fratris in Aeneae sic illum funere dicunt
   egressum tectis, pulcher Iule, tuis;
nec minus est confusa Venus moriente Tibullo, 15
   quam iuuenis rupit eum ferus inguen aper.
At sacri uates et diuum cura uocamur;
   sunt etiam qui nos numen habere putent.
Scilicet omne sacrum mors inportuna profanat;
   omnibus obscuras inicit illa manus. 20
Quid pater Ismario, quid mater profuit Orpheo?
   Carmine quid uictas obstipuisse feras?
Et Linon in siluis idem pater "aelinon!" allis
   dicitur inuita concinuisse lyra;
adice Maeoniden, a quo ceu fonte perenni 25
   uatum Pieriis ora rigantur aquis.
Hunc quoque summa dies nigro submersit Auerno.
   Defugiunt auidos carmina sola rogos.

AMORES III 9

Se a Mêmnon a mãe chorou, se a mãe chorou Aquiles
   e atingem os tristes fados grandes Deusas,
chorosa, desfeitos, ó Elegia, deixa cair teus cabelos!
   Ah! Da verdade muito agora terá o teu nome.
Ele o vate de tua obra, o que de ti falou, Tibulo,   5
   arde, corpo inane, na alta pira.
Eis que o filho de Vênus traz vazia a aljava,
   quebrados os arcos e sem luz a tocha.
Olha! Com as asas baixas ele se vai infeliz
   e o peito aberto fere com mão cruel.   10
Acolhem suas lágrimas, esparsos pelo colo, os cabelos
   e de sua boca os sons o soluço entrecorta.
No funeral do irmão Enéias, assim, dizem,
   ele saiu de tua casa, ó belo Iulo.
E não menos se afligiu Vênus quando morreu Tibulo   15
   que ao rasgar o fero javali o flanco do jovem.
Ora, vates sagrados, cuidados dos Deuses nos dizem.
   Há até quem julgue que temos um Nume.
Sabemos que todo o sagrado, importuna, a morte profana,
   a todos estende ela as mãos sombrias.   20
De que o pai ao Ismário Orfeu, de que valeu a mãe?
   Com o canto vencer e calar as feras de que lhe valeu?
E Lino em outras selvas o mesmo pai "Ai! Lino!"
   cantou, dizem, ao som de relutante lira.
Há ainda o Meônides que, como se fora fonte perene,   25
   a boca dos vates banha com águas piérias.
A ele também um último dia submergiu no negro Averno.
   Escapam da ávida pira só os poemas.

Durat, opus uatum, Troiani fama laboris
   tardaque nocturno tela retexta dolo. 30
Sic Nemesis longum, sic Delia nomen habebunt,
   altera, cura recens, altera primus amor.
Quid uos sacra iuuant? Quid nunc Aegyptia prosunt
   sistra? Quid in uacuo secubuisse toro?
Cum rapiunt mala fata bonos (ignoscite fasso) 35
   sollicitor nullos esse putare Deos.
Viue pius; moriere pius. Cole sacra; colentem
   Mors grauis a templis in caua busta trahet.
Carminibus confide bonis; iacet, ecce, Tibullus,
   uix manet e toto, parua quod urna capit. 40
Tene, sacer uates, flammae rapuere rogales
   pectoribus pasci nec timuere tuis?
Aurea sanctorum potuissent templa Deorum
   urere, quae tantum sustinuere nefas.
Auertit uultus, Erycis quae possidet arces; 45
   sunt quoque qui lacrimas continuisse negant.
Sed tamen hoc melius, quam si Phaeacia tellus
   ignotum uili supposuisset humo.
Hinc certe madidos fugientis pressit ocellos
   mater et in cineres ultima dona tulit; 50
hinc soror in partem misera cum matre doloris
   uenit inornatas dilaniata comas,
cumque tuis sua iunxerunt Nemesisque priorque
   oscula nec solos destituere rogos.
Delia descendens: "Felicius", inquit, "amata 55
   sum tibi; uixisti, dum tuus ignis eram".
Cui Nemesis: "Quid, ait, tibi sunt mea damna dolori?
   Me tenuit moriens deficiente manu".
Si tamen e nobis aliquid nisi nomen et umbra
   restat, in Elysia ualle Tibullus erit: 60
obuius huic uenies hedera iuuenalia cinctus
   tempora cum Caluo, docte Catulle, tuo;

Perdura, obra dos vates, a fama da luta troiana,
    a tarda tela por noturno dolo retecida.   30
Assim, Nêmesis, assim, Délia, nome duradouro terão,
    uma, cuidado recente, outra, primeiro amor.
Em que ajudam as oferendas? De que servem agora os egípcios
    sistros? De que vale ter-se deitado sozinho no leito?
Quando os maus fados nos roubam os bons (perdoai-me, se confesso),   35
    sou levado a pensar que não há Deus algum.
Vive piedoso, morrerás piedoso! Cultua o sagrado! Cultuando-o
    a pesada morte te arrastará dos templos à cava tumba.
Nos bons poemas confia! Vê! Tibulo jaz,
    apenas resta do todo o que em pequena urna cabe.   40
A ti, sagrado vate, as chamas da pira arrebataram
    e não hesitaram em alimentar-se com teu coração?
Pudessem elas os áureos templos dos santos Deuses
    queimar, já que de tão grande crime foram capazes.
Virou o rosto a senhora da cidadela do Érix.   45
    Há quem diga que as lágrimas ela não conteve.
Isso, porém, é melhor que se no país dos feácios,
    ignoto, estivesse sob terra vil.
Aqui, pelo menos, quando ele se ia, fechou-lhe os doces olhos
    a mãe e às cinzas levou os últimos dons.   50
Aqui, a pobre irmã, partilhando com a mãe a dor,
    veio arrancando os cabelos em desalinho.
Aos dos teus juntaram Nêmesis e a primeira
    os seus beijos e sozinha não deixaram a pira.
Délia ao descer diz: "Mais fecundo foi para ti   55
    o amar-me. Viveste enquanto eu era teu fogo".
A isso responde Nêmesis: "Por que minha perda te faz sofrer?
    Foi a mim que, ao morrer, ele segurou com mão fraquejante!"
Mas, se de nós algo que não apenas nome e sombra
    resta, no vale Elísio Tibulo estará.   60
A seu encontro, com a jovem fronte cingida pela hera,
    virás com teu amigo Calvo, ó douto Catulo.

tu quoque, si falsum est temerati crimen amici,
 sanguinis atque animae prodige Galle tuae.
His comes umbra tua est; siqua est modo corporis umbra, 65
 auxisti numeros, culte Tibulle, pios.
Ossa quieta, precor, tuta requiescite in urna,
 et sit humus cineri non onerosa tuo.

Tu também, se é falsa a acusação de ultrajar o amigo,
   ó Galo, tão pródigo de teu sangue e de tua vida.
Com estas a tua sombra está. Se é que há do corpo uma sombra, 65
   fizeste maior, ó culto Tibulo, o número dos piedosos.
Ossos, suplico, em paz descansai sob a proteção da urna
   e não seja a terra pesada às tuas cinzas!

A.L.A.A.P.

HEROIDES 7

DIDO AENEAE

[Accipe, Dardanide, moriturae carmen Elissae;
   quae legis, a nobis ultima uerba legis.]
... Sic ubi fata uocant, udis abiectus in herbis
   ad uada Maeandri concinit albus olor.
Nec quia te nostra sperem prece posse moueri,   5
   adloquor (aduerso mouimus ista Deo),
sed merita et famam corpusque animumque pudicum
   cum male perdiderim, perdere uerba leue est.
Certus es ire tamen miseramque relinquere Didon,
   atque idem uenti uela fidemque ferent?   10
Certus es, Aenea, cum foedere soluere naues
   quaeque ubi sint nescis, Itala regna sequi?
Nec noua Carthago, nec te crescentia tangunt
   moenia nec sceptro tradita summa tuo?
Facta fugis, facienda petis; quaerenda per orbem   15
   altera, quaesita est altera terra tibi.
Vt terram inuenias, quis eam tibi tradet habendam?
   Quis sua non notis arua tenenda dabit?
Alter amor tibi restat? Habenda est altera Dido?
   Quamque iterum fallas, altera danda fides?   20
Quando erit ut condas instar Carthaginis urbem
   et uideas populos altus ab arce tuos?
Omnia si ueniant nec Di tua uota morentur,
   unde tibi, quae te sic amet, uxor erit?

HERÓIDES 7

DIDO A ENÉIAS

[Recebe, filho de Dárdano, o canto de Elissa, prestes a morrer;
  o que lês são as nossas últimas palavras.]
Assim, quando os destinos o chamam, abandonado nas úmidas relvas,
  próximo às águas do Meandro, canta o cisne branco.
E não falo porque espere poder mover-te com a nossa 5
  prece (isto, o fazemos contrariando o Deus);
mas, visto que méritos e fama e corpo e espírito pudico,
  infelizmente os perdi, perder palavras não é nada.
Estás decidido a partir e abandonar a mísera Dido,
  e os mesmos ventos levarão velas e promessas. 10
Estás decidido, Enéias, a cortar as amarras à aliança e às naus
  e perseguir reinos da Itália, que não sabes onde ficam.
Não te tocam nem a jovem Cartago, nem as muralhas
  que se alteiam, nem o poder entregue ao teu cetro.
Foges ao que está feito, procuras o que está por fazer: deve ser
                                [buscada pelo orbe 15
  uma terra: outra foi buscada por ti.
Que aches a terra: quem a entregará à tua posse?
  Quem dará seus campos a desconhecidos, para que os ocupem?
Espera-te outro amor... Há outra Dido que possuas...
  Há outras promessas, que novamente iludas. 20
Quando é que fundarás à imagem de Cartago uma cidade,
  e verás do alto da cidadela os teus povos?
Se tudo acontecer, e não se opuserem os Deuses aos teus votos,
  de onde terás uma esposa que te ame assim?

Vror, ut inducto ceratae sulpure taedae; 25
  Aenean animo noxque diesque refert.
Ille quidem male gratus et ad mea munera surdus
  et quo, si non sim stulta, carere uelim.
Non tamen Aenean, quamuis male cogitat, odi,
  sed queror infidum questaque peius amo. 30
Parce, Venus, nurui, durumque amplectere fratrem,
  frater Amor! Castris militet ille tuis
atque ego quem coepi (neque enim dedignor) amare,
  materiam curae praebeat ille meae.
Fallor et ista mihi falso iactatur imago: 35
  matris ab ingenio dissidet ille suae.
Te lapis et montes innataque rupibus altis
  robora, te saeuae progenuere ferae,
aut mare, quale uides agitari nunc quoque uentis,
  quo tamen aduersis fluctibus ire paras. 40
Quo fugis? Obstat hiemps. Hiemis mihi gratia prosit.
  Adspice ut euersas concitet Eurus aquas.
Quod tibi malueram, sine me debere procellis;
  iustior est animo uentus et unda tuo.
Non ego sum tanti (quamuis merearis, inique) 45
  ut pereas, dum me per freta longa fugis.
Exerces pretiosa odia et constantia magno,
  si, dum me careas, est tibi uile mori.
Iam uenti ponent strataque aequaliter unda
  caeruleis Triton per mare curret equis. 50
Tu quoque cum uentis utinam mutabilis esses!
  Et, nisi duritia robora uincis, eris.
Quid, si nescires insana quid aequora possunt?
  Expertae totiens tam male credis aquae!
Vt, pelago suadente etiam, retinacula soluas, 55
  multa tamen latus tristia pontus habet.
Nec uiolasse fidem temptantibus aequora prodest;
  perfidiae poenas exigit ille locus,

Ardo como velas impregnadas de enxofre: 25
   a noite e o dia trazem de volta Enéias ao meu espírito,
mas aquele, ingrato e surdo aos meus presentes
   e do qual, não fosse eu insensata, quereria estar longe!
No entanto Enéias, embora tenha planos maus, não o odeio;
   mas lamento o infiel e, lamentando-me, pior o amo.   30
Poupa, Vênus, tua nora; e teu duro irmão, abraça-o,
   Amor irmão! Lute ele no teu acampamento:
e o que eu me pus a amar (e de fato não me dedigno)
   dê motivo à minha preocupação.
Estou-me iludindo, e essa imagem dança ilusória para mim: 35
   ele está longe do temperamento da mãe!
A ti, uma pedra e os montes e os carvalhos nascidos no alto
   das rochas, e as feras selvagens te engendraram,
ou o mar, qual o vês agitado agora também pelos ventos,
   para onde, no entanto, contrárias as ondas, planejas ir.   40
Para onde foges? A tempestade o impede. Ajude-me o favor
                                              [da tempestade.
   Vê como o Euro agita revoltas águas.
O que eu preferira dever-te, permite que o deva às tormentas:
   são mais justos o vento e a onda que teu espírito.
Não valho eu tanto (embora o mereças, perverso)   45
   que te percas enquanto me foges pela imensidão.
Cultivas ódios bem caros e firmes
   se, contanto que te livres de mim, não te importa morrer.
Logo descansarão os ventos e, estendidas por igual as ondas,
   Tritão correrá pelo mar com os cavalos azuis.   50
Tu também oxalá fosses mutável com os ventos!
   E, a menos que venças pela dureza os carvalhos, serás.
E se não soubesses o que podem as ondas insanas!
   Confias numa água tantas vezes tão mal experimentada!
Que, persuadindo-te o abismo, soltes as amarras: 55
   muitas aflições, porém, tem o grande mar,
e ter violado a palavra não ajuda os que enfrentam as ondas:
   elas exigem o castigo da perfídia,

praecipue cum laesus amor, quia mater Amorum
   nuda Cytheriacis edita fertur aquis.   60
Perdita ne perdam, timeo, noceamue nocenti,
   neu bibat aequoreas naufragus hostis aquas.
Viue, precor; sic te melius quam funere perdam;
   tu potius leti causa ferere mei.
Finge, age, te rapido (nullum sit in omine pondus)   65
   turbine deprendi; quid tibi mentis erit?
Protinus occurrent falsae periuria linguae
   et Phrygia Dido fraude coacta mori;
coniugis ante oculos deceptae stabit imago
   tristis et effusis sanguinolenta comis.   70
Quicquid id est, totum merui; concedite, dicas,
   quaeque cadent, in te fulmina missa putes.
Da breue saeuitiae spatium pelagique tuaeque;
   grande morae pretium tuta futura uia est.
Nec mihi tu curae; puero parcatur Iulo.   75
   Te satis est titulum mortis habere meae.
Quid puer Ascanius, quid commeruere Penates?
   Ignibus ereptos obruet unda Deos?
Sed neque fers tecum, nec quae mihi perfide, iactas,
   presserunt umeros sacra paterque tuos.   80
Omnia mentiris, neque enim tua fallere lingua
   incipit a nobis primaque plector ego.
Si quaeras ubi sit formosi mater Iuli,
   occidit a duro sola relicta uiro.
Haec mihi narraras; haec me mouere. Merentem   85
   ure; minor culpa poena futura mea est.
Nec mihi mens dubia est quin te tua numina damnent;
   per mare, per terras septima iactat hiemps.
Fluctibus eiectum tuta statione recepi
   uixque bene audito nomine regna dedi.   90
His tamen officiis utinam contenta fuissem,
   et mihi concubitus fama sepulta foret!
Illa dies nocuit, qua nos decliue sub antrum
   caeruleus subitis compulit imber aquis.

principalmente quando se fere o amor, porque a mãe dos amores
   nua foi gerada pelas águas de Citera.   60
Perdida, temo perder ou ferir o que me fere;
   temo que, náufrago, beba o inimigo águas do mar.
Vive, peço-te. Assim te perderei melhor que por um funeral.
   Tu, antes, serás tido como a causa de minha morte.
Imagina, vamos (não haja nenhum peso no meu presságio)   65
   que estás preso num turbilhão violento: que pensarás?
Logo te ocorrerão os perjúrios da língua falsa,
   e Dido obrigada a morrer pela falácia frígia;
ante os olhos se erguerá a imagem da esposa enganada,
   aflita e sangrando com os cabelos soltos.   70
"Seja como for, mereci tudo; afastai-vos", poderás dizer;
   todos os raios que caírem, talvez os julgues enviados contra ti.
Dá algum tempo à crueldade do abismo e à tua;
   grande é o preço da demora: seguro será o caminho.
Tu não és para mim preocupação: poupe-se o menino Iulo.   75
   A ti, basta-te a honra de minha morte.
Mas o menino Ascânio, mas os Penates, qual seu crime?
   Deuses arrancados às chamas, os sepultarão as ondas?
Mas nem os levas contigo nem (o que me vives contando, pérfido)
   pesaram nos teus ombros objetos de culto e o pai.   80
Mentes em tudo; e tua língua nem começa conosco
   a iludir nem sou eu a primeira a sofrer.
Se quiseres saber onde está a mãe do belo Iulo,
   morreu sozinha, abandonada pelo duro esposo.
Isto me contaras; isto me comoveu; pois que o mereço,   85
   queima-me: há de ser o castigo menor que a culpa.
Nem duvida minha mente de que os teus Numes te condenem:
   pelo mar, pelas terras, agita-se o teu sétimo inverno.
Enjeitado pelas ondas, eu te recebi num porto seguro;
   e nem bem ouvi teu nome, dei-te um reino.   90
Oxalá, no entanto, me houvesse contentando com esses atos,
   e sepultada ficasse para mim a fama da união.
Matou-me aquele dia no qual a uma gruta em declive
   nos impeliu, com súbitas águas, uma chuva azul.

Audieram uocem; Nymphas ululasse putaui; 95
  Eumenides fatis signa dedere meis.
Exige, laese pudor, poenam et uiolate Sychaee,
  ad quem, me miseram, plena pudoris eo.
Est mihi marmorea sacratus in aede Sychaeus.
  (oppositae frondes uelleraque alba tegunt); 100
hinc ego me sensi noto quater ore citari;
  ipse sono tenui dixit: "Elissa, ueni".
Nulla mora est, uenio, uenio tibi dedita coniunx;
  sum tamen admissi tarda pudore mei.
Da ueniam culpae; decepit idoneus auctor; 105
  inuidiam noxae detrahit ille meae.
Diua parens, seniorque pater, pia sarcina nati,
  spem mihi mansuri rite dedere uiri;
si fuit errandum, causas habet error honestas;
  adde fidem, nulla parte pigendus erit. 110
Durat in extremum uitaeque nouissima nostrae
  prosequitur fati, qui fuit ante, tenor.
Occidit Herceas coniunx mactatus ad aras,
  et sceleris tanti praemia frater habet.
Exul agor cineresque uiri patriamque relinquo 115
  et feror in duras hoste sequente uias.
Adplicor ignotis fratrique elapsa fretoque
  quod tibi donaui, perfide, litus emo;
urbem constitui lateque patentia fixi
  moenia finitimis inuidiosa locis. 120
Bella tument; bellis peregrina et femina temptor,
  uixque rudis portas urbis et arma paro;
mille procis placui, qui in me coiere querentes
  nescio quem thalamis praeposuisse suis.
Quid dubitas uinctam Gaetulo tradere Iarbae? 125
  Praebuerim sceleri bracchia nostra tuo.
Est etiam frater, cuius manus impia poscit
  respergi nostro, sparsa cruore uiri.
Pone deos et quae tangendo sacra profanas.
  Non bene caelestis impia dextra colit; 130

Eu ouvira a voz; julguei que as Ninfas haviam clamado: 95
  as Eumênides deram os sinais do meu destino.
Exige, pudor ferido, o meu castigo, e também traído Siqueu,
  a quem me dirijo, pobre de mim, cheia de vergonha.
Tenho Siqueu imortalizado num templo de mármore
  (que cobrem guirlandas de folhas e fitas brancas). 100
Daí senti eu que era chamada, quatro vezes, pela conhecida voz:
  ele mesmo, baixinho, disse: "Elissa, vem".
Eu vou, não demoro; esposa entregue a ti, vou:
  sou apenas atrasada pela vergonha do meu ato.
Perdoa a minha culpa: enganou-me um oportunista, 105
  que tira o hediondo à minha falta.
A Deusa mãe e o velho pai, o piedoso fardo de um filho
  deram-me a esperança de um esposo permanente e legítimo.
Se foi para errar, tem o erro causa honrada.
  Acrescenta as promessas: não haverá lugar para arrependimento. 110
Perdura até o fim, e acompanha os últimos fatos de nossa
  vida, o curso do destino, sempre igual.
Morreu meu esposo, imolado ante os altares de Herceu,
  e tem meu irmão os despojos de tão grande crime.
Exilada, fujo, e abandono as cinzas do esposo e a Pátria; 115
  e, perseguindo-me o inimigo, sou levada a caminhos duros.
Abordo estranhos e, tendo escapado ao irmão e ao mar,
  compro o litoral, que te dei, pérfido!
Ergui uma cidade, fixei muralhas que se estendem ao longe
  e despertam a inveja das regiões vizinhas. 120
Fermentam guerras; estrangeira e mulher, as guerras me ameaçam,
  e mal apronto as armas e as portas da cidade nova.
Agradei a mil pretendentes, que se uniram contra mim, queixando-se
  de que preferi aos seus tálamos não sei quem.
Por que hesitas em entregar-me, vencida, ao gétulo Jarbas? 125
  Eu ofereceria os nossos braços ao teu crime.
Tenho ainda o irmão, cuja mão ímpia, úmida do sangue
  de meu esposo, procura manchar-se com o nosso.
Larga os Deuses e os objetos de culto que, ao tocar, profanas:
  uma destra ímpia não protege bem os celestiais. 130

si tu cultor eras elapsis igne futurus,
    paenitet elapsos ignibus esse Deos.
Forsitan et grauidam Dido, scelerate, relinquas,
    parsque tui latet corpore clausa meo.
Accedet fatis matris miserabilis infans   135
    et nondum nati funeris auctor eris,
cumque parente sua frater morietur Iuli,
    poenaque conexos auferet una duos.
Sed iubet ire Deus. Vellem uetuisset adire
    Punica nec Teucris pressa fuisset humus.   140
Hoc duce nempe Deo uentis agitaris iniquis
    et teris in rabido tempora longa freto?
Pergama uix tanto tibi erant repetenda labore,
    Hectore si uiuo quanto fuere forent.
Non patrium Simoenta petis, sed Thybridas undas;   145
    nempe ut peruenias quo cupis, hospes eris,
utque latet uitatque tuas abstrusa carinas,
    uix tibi continget terra petita seni.
Hos potius populos in dotem, ambage remissa,
    accipe et aduectas Pygmalionis opes;   150
Ilion in Tyriam transfer felicius urbem
    resque loco regis sceptraque sacra tene.
Si tibi mens auida est belli, si quaerit Iulus
    unde suo partus Marte triumphus eat,
quem superet, ne quid desit, praebebimus hostem;   155
    hic pacis leges, hic locus arma capit.
Tu modo, per matrem fraternaque tela, sagittas,
    perque fugae comites, Dardana sacra, Deos,
(sic superent quoscumque tua de gente reportas,
    Mars ferus et damni sit modus ille tui,   160
Ascaniusque suos feliciter impleat annos,
    et senis Anchisae molliter ossa cubent!)
Parce, precor, domui, quae se tibi tradit habendam.
    Quod crimen dicis praeter amasse meum?

Se, arrancados ao fogo, virias a ser o seu protetor,
   arrependem-se os Deuses arrancados às chamas.
Talvez, celerado, abandones Dido grávida,
   e uma parte de ti se esconda, fechada, no meu corpo.
Encontrará o destino da mãe a infeliz criança 135
   e serás o autor dos funerais de um ser ainda não nascido;
junto com a mãe perecerá o irmão de Iulo,
   e um só castigo nos levará juntos os dois.
Mas te ordena partir um Deus. Quisera eu te houvesse proibido vir
   e não houvesse a terra púnica sido pisada pelos teucros. 140
Claro, guiando-te este Deus, és atormentado por ventos desiguais
   e gastas longo tempo no mar enfurecido.
Mal devera Pérgamo ser por ti recuperada com tamanho esforço,
   ainda que fosse quão grande foi, vivendo Heitor.
Não procuras o Símois dos ancestrais mas as ondas tiberinas; 145
   que chegues aonde queres: naturalmente serás um estranho.
E visto que se esconde e, oculta, evita as tuas proas,
   mal te caberá, velho, a terra procurada.
Abandonados os rodeios, aceita, antes, como dote, estes povos
   e as riquezas de Pigmalião, transportadas por mim. 150
Transfere, mais feliz, Ílion para a cidade tíria
   e detém, como rei, o poder e o cetro sagrado.
Se tens a mente ávida de guerra, se Iulo quer saber
   de onde pode vir o triunfo nascido de seu Marte,
para que nada lhe falte, dar-lhe-emos um inimigo que ele vença. 155
   Esta terra assume leis de paz: esta terra assume as armas.
Tu, ao menos, por tua mãe e pelas armas de teu irmão, as setas,
   pelos companheiros de fuga, pelos Deuses e pelos objetos
                              [dardânios de culto
(assim sobrevivam todos os que trazes da tua raça;
   seja aquele fero Marte o termo do teu mal, 160
e Ascânio complete feliz a sua vida,
   e os ossos do velho Anquises repousem docemente!),
poupa, suplico-te, a casa que se entrega à tua posse:
   que crime dizes meu, além de haver-te amado?

Non ego sum Phthia magnisque oriunda Mycenis 165
   nec steterunt in te uirque paterque meus.
Si pudet uxoris, non nupta, sed hospita dicar;
   dum tua sit, Dido quodlibet esse feret.
Nota mihi freta sunt Afrum plangentia litus;
   temporibus certis dantque negantque uiam; 170
cum dabit aura uiam, praebebis carbasa uentis;
   nunc leuis eiectam continet alga ratem.
Tempus ut obseruem, manda mihi; serius ibis,
   nec te, si cupies, ipsa manere sinam.
Et socii requiem poscunt, laniataque classis 175
   postulat exiguas semirefecta moras.
Pro meritis et siqua tibi debebimus ultra,
   pro spe coniugii tempora parua peto;
dum freta mitescant et amorem temperet usus
   fortiter ediscam tristia posse pati. 180
Si minus, est animus nobis effundere uitam;
   in me crudelis non potes esse diu.
Adspicias utinam quae sit scribentis imago;
   scribimus, et gremio Troicus ensis adest,
perque genas lacrimae strictum labuntur in ensem, 185
   qui iam pro lacrimis sanguine tinctus erit.
Quam bene conueniunt fato tua munera nostro!
   Instruis impensa nostra sepulcra breui.
Nec mea nunc primum feriuntur pectora telo;
   ille locus saeui uulnus amoris habet. 190
Anna soror, soror Anna, meae male conscia culpae,
   iam dabis in cineres ultima dona meos.
Nec consumpta rogis inscribar *Elissa Sychaei*;
   hoc tamen in tumuli marmore carmen erit:
Praebuit Aeneas et causam mortis et ensem; 195
   ipsa sua Dido concidit usa manu.

Eu não nasci na Ftia ou na grande Micenas 165
  nem contra ti se ergueram meu marido e meu pai.
Se te envergonhas da esposa, não me chamem casada mas anfitriã:
  contanto que seja tua, Dido suportará ser qualquer coisa.
São-me conhecidos os mares que batem o litoral africano:
  em momentos certos dão e negam caminho; 170
quando a brisa der caminho, oferecerás as velas aos ventos;
  agora uma alga tênue retém um barco enjeitado.
Encarrega-me de observar o tempo: irás mais tarde,
  e eu mesma não permitirei que fiques, se o quiseres.
Também os companheiros pedem repouso, e, despedaçada, a frota 175
  exige, mal refeita, exígua mora.
Pelo meu auxílio e, se algo mais te deveremos,
  pela esperança do matrimônio, peço-te algum tempo;
até que se acalmem os mares e o uso tempere o amor,
  aprenderei a poder suportar firmemente as aflições. 180
Se não, é decisão nossa abandonar a vida:
  contra mim não podes ser cruel por muito tempo.
A imagem de quem te escreve, oxalá possas vê-la:
  escrevemos, e ao peito encosta-se a espada troiana,
e lágrimas escorrem pelas faces e pela espada desembainhada, 185
  que logo será tingida de sangue não de lágrimas.
Como convém ao nosso destino os teus presentes:
  preparas com pequeno gasto o nosso túmulo.
E meu peito não é ferido agora, primeiro, pela arma:
  ele tem a ferida de um amor cruel. 190
Ana, minha irmã, minha irmã Ana, infeliz confidente da
                                             [minha culpa,
  logo darás as últimas oferendas a minhas cinzas.
E, consumida pela pira, não terei a inscrição *Elissa de Siqueu*.
  Este verso, porém, se encontrará no mármore do túmulo:
Deu Enéias, tanto a causa da morte como a espada. 195
  Caiu Dido, ela própria usando a sua mão.

M.G.N.

ARTIS AMATORIAE LIBRI I 1-34

Siquis in hoc artem populo non nouit amandi,
   hoc legat et lecto carmine doctus amet.
Arte citae ueloque rates remoque mouentur,
   arte leuis currus. Arte regendus Amor.
Curribus Automedon lentisque erat aptus habenis;   5
   Tiphys in Haemonia puppe magister erat;
me Venus artificem tenero praefecit Amori;
   Tiphys et Automedon dicar Amores ego.
Ille quidem ferus est et qui mihi saepe repugnet,
   sed puer est, artas mollis et apta regi.   10
Phillyrides puerum cithara perfecit Achillem
   atque animos placida contudit arte feros;
qui totiens socios, totiens exterruit hostes,
   creditur annosum pertimuisse senem;
quas Hector sensurus erat, poscente magistro   15
   uerberibus iussas praebuit ille manus.
Aeacidae Chiron, ego sum praeceptor Amoris;
   saeuus uterque puer, natus uterque Dea.
Sed tamen et tauri ceruix oneratur aratro
   frenaque magnanimi dente teruntur equi,   20
et mihi cedit Amor, quamuis mea uulneret arcu
   pectora iactatas excutiatque faces.
Quo me fixit Amor, quo me uiolentius ussit,
   hoc melior facti uulneris ultor ero.
Non ego, Phoebe, datas a te mihi mentiar artes,   25
   nec nos aeriae uoce monemur auis,
nec mihi sunt uisae Clio Cliusque sorores
   seruanti pecudes uallibus, Ascra, tuis;

ARTE DE AMAR I 1-34

Se alguém neste povo não conhece a arte de amar,
  leia este poema e, tendo-o lido, já instruído, ame.
Pela arte os céleres barcos com a vela e o remo são movidos,
  pela arte leve é o carro. Pela arte deve ser regido o Amor.
Nos carros e nas flexíveis rédeas Automedonte era destro, 5
  Tífis da nau Hemônia era piloto.
De mim Vênus fez mestre do tenro Amor,
  Tífis e Automedonte do Amor eu serei chamado.
Ele, na verdade, é bravo e a mim muitas vezes resiste,
  mas é menino, idade dócil e fácil de dirigir. 10
Filírides com a cítara formou o menino Aquiles
  e a alma brava com arte plácida reprimiu.
Quem, tantas vezes os seus, tantas vezes os inimigos aterrorizou,
  um velho com muitos anos de vida, acredita-se, temeu.
As mãos que Heitor iria sentir, exigindo-o o mestre, 15
  ao chicote de pronto ele entregou.
Do Eácides Quíron foi preceptor, eu do Amor.
  Cruéis um e outro menino, nascidos um e outro de uma Deusa.
Mas até sobre a nuca do touro pesa o arado,
  e os freios são mordidos pelo dente do cavalo cheio de ânimo, 20
e a mim cede o Amor, embora fira com o arco
  meu peito, agite e lance suas tochas.
Quanto mais me feriu o Amor, quanto mais violento me queimou,
  tanto mais vingador eu serei da ferida feita.
Não, Febo, eu não mentirei que tu me deste as artes, 25
  nem somos instruídos pela voz da ave no ar,
nem por mim foram vistas Clio e as irmãs de Clio
  quando guardava os rebanhos, ó Ascra, nos teus vales.

usus opus mouet hoc; uati parete perito.
   Vera canam; coeptis, mater Amoris, ades. 30
Este procul, uittae tenues, insigne pudoris,
   quaeque tegis medios instita longa pedes.
Nos Venerem tutam concessaque furta canemus,
   inque meo nullum carmine crimen erit.

O uso provoca esta obra. A um vate experiente obedecei!
 A verdade cantarei. A minha empresa, mãe do Amor assisti! 30
Longe daqui, estreitas fitas, insígnias do pudor,
 e tu, longo manto, que cobres a metade dos pés!
Nós a Vênus sem riscos, os segredos permitidos cantaremos,
 e no meu poema nada de censurável haverá.

A.L.A.A.P.

REMEDIA AMORIS 1-40

Legerat huius Amor titulum nomenque libelli:
  "Bella mihi, uideo, bella parantur", ait.
Parce tuum uatem sceleris damnare, Cupido,
  tradita qui toties te duce signa tuli.
Non ego Tydides, a quo tua saucia mater   5
  in liquidum rediit aethera Martis equis.
Saepe tepent alii iuuenes, ego semper amaui,
  et si quid faciam nunc quoque quaeris, amo.
[Quim etiam docui qua posses arte parari,
  et quod nunc ratio est, impetus ante fuit.]   10
Nec te, blande puer, nec nostras prodimus artes,
  nec noua praeteritum Musa retexit opus.
Siquis amans, quod amare iuuat, feliciter ardet,
  gaudeat et uento nauiget ille suo;
at siquis male fert indignae regna puellae,   15
  ne pereat, nostrae sentiat artis opem.
Cur aliquis laqueo collum nodatus amator
  a trabe sublimi triste pependit onus?
Cur aliquis rigido fodit sua pectora ferro?
  Inuidiam caedis, pacis amator, habes.   20
Qui, nisi desierit, misero periturus amore est,
  desinat, et nulli funeris auctor eris.
Et puer es, nec te quicquam nisi ludere oportet;
  lude, decent annos mollia regna tuos.
[Nam poteras uti nudis ad bella sagittis,   25
  sed tua mortifero sanguine tela carent.]
Vitricus et gladiis et acuta dimicet hasta,
  et uictor multa caede cruentus eat.

REMÉDIOS DE AMOR 1-40

Lera o Amor o título e o nome deste livrinho:
　"Guerras contra mim, vejo, guerras preparam-se", diz.
Poupa teu vate, não o incrimines, Cupido!
　Tantas vezes, sob tuas ordens, recebi e levei tuas insígnias!
Não, eu não sou o Tidides! Ferida por ele, tua mãe 5
　ao líquido éter voltou, levada pelos cavalos.
Muitas vezes se enamoram os outros jovens, eu sempre amei
　e, se o que faço agora também perguntas, amo.
Nunca a ninguém ensinei como poderia conquistar-te
　e o que hoje é razão, antes foi ímpeto. 10
Nem a ti, doce menino, nem nossas artes traímos,
　nem nova Musa retece a obra já feita.
Se alguém, amando quem lhe apraz, arde e é correspondido,
　que ele se alegre e navegue sob bons ventos!
Se, porém, a outro pesa o domínio da menina que não o merece, 15
　para que não pereça, sinta ele a força de nossa arte!
Por que certo amante, com o laço no pescoço,
　do alto da trave como triste fardo pende?
Por que o outro finca no peito o duro ferro?
　Mal visto és, amante da paz, como causa de morte. 20
Quem, se não desistir, perecerá de amor infeliz,
　desista e não será autor de morte alguma.
E tu és menino e nada deves fazer senão brincar.
　Brinca! Reinar suavemente a ti fica bem,
pois para guerra poderias usar apenas setas, 25
　mas a teus dardos falta o mortífero sangue.
Que teu padrasto lute com espada e lança aguda
　e, vitorioso, coberto de sangue saia do grande morticínio.

Tu cole maternas, tuto quibus utimur, artes,
    et quarum uitio nulla fit orba parens.   30
Effice nocturna frangatur ianua rixa
    et tegat ornatas multa corona fores;
fac coeant furtim iuuenes timidaeque puellae
    uerbaque dent cauto qualibet arte uiro,
et modo blanditias, rigido modo iurgia posti   35
    dicat et exclusus flebile cantet amans.
His lacrimis contentus eris sine crimine mortis;
    non tua fax auidos digna subire rogos.
Haec ego; mouit Amor gemmatas aureus alas
    et mihi: "Propositum perfice, dicit, opus".   40

Cultua as artes de tua mãe! Delas seguros nos servimos
  e por sua culpa mãe alguma ficou sem os filhos. 30
Faze que numa rixa noturna uma porta se quebre
  e muitas coroas cubram e ornem seus batentes!
Faze que se unam furtivamente os jovens e as tímidas meninas,
  e enganem por uma arte qualquer o cauto marido
e palavras, ora de carinho, ora de injúria, à porta inflexível 35
  diga o amante e, repelido, cante choroso canto.
Estas lágrimas te bastarão, sem que sejas acusado de morte.
  Não é digno de tua tocha subir à ávida fogueira.
Isso disse eu. Agita o áureo Amor as brilhantes asas
  e diz-me: "Leva a termo a obra a que te propões!" 40

               A.L.A.A.P.

METAMORPHOSEON LIBRI

I 1-150

In noua fert animus mutatas dicere formas
corpora; Di, coeptis, nam uos mutastis et illas,
adspirate meis primaque ab origine mundi
ad mea perpetuum deducite tempora carmen.

[MUNDI ORIGO]

Ante mare et terras et, quod tegit omnia, caelum 5
unus erat toto naturae uultus in orbe,
quem dixere chaos, rudis indigestaque moles
nec quicquam nisi pondus iners congestaque eodem
non bene iunctarum discordia semina rerum.
Nullus adhuc mundo praebebat lumina Titan, 10
nec noua crescendo reparabat cornua Phoebe,
nec circumfuso pendebat in aere tellus
ponderibus librata suis, nec bracchia longo
margine terrarum porrexerat Amphitrite.
Vtque erat et tellus illic et pontus et aer, 15
sic erat instabilis tellus, innabilis unda,
lucis egens aer; nulli sua forma manebat
obstabatque aliis aliud, quia corpore in uno
frigida pugnabant calidis, umentia siccis,
mollia cum duris, sine pondere habentia pondus. 20
  Hanc Deus et melior litem natura diremit;
nam caelo terras et terris abscidit undas

METAMORFOSES

I 1-150

Vem-me a idéia de contar as formas mudadas em novos
corpos. Deuses – pois também vós as mudastes –,
inspirai a minha iniciativa e, da primeira origem do mundo,
guiai ininterrupto o meu canto, até o meu tempo.

ORIGEM DO MUNDO

Antes do mar e das terras e do céu que cobre tudo, 5
única era a face da natureza em todo o orbe,
e a chamaram caos: massa tosca e confusa,
nada senão um peso inerte e, amontoados em um só,
os princípios discordes das coisas não bem constituídas.
Até então, nenhum Titã dera ao mundo a luz, 10
nem Febe, crescendo, reparava os cornos renovados,
nem a terra estava suspensa no ar circunfuso,
equilibrada pelo seu peso; nem os braços, pela longa
margem das terras, os estendera Anfitrite.
E assim como lá estavam a terra e o mar e o ar, 15
assim era instável a terra, inavegável a onda,
carente de luz o ar: a nenhum perdurava sua forma;
opunham-se uns aos outros porque, num só corpo,
os frios combatiam os quentes, os úmidos, os secos,
os moles com os duros, os sem peso com os que tinham peso. 20
Esta luta, um Deus e melhor natureza a interrompeu:
separou do céu as terras e das terras as ondas,

et liquidum spisso secreuit ab aere caelum.
Quae postquam euoluit caecoque exemit aceruo,
dissociata locis concordi pace ligauit. 25
Ignea conuexi uis et sine pondere caeli
emicuit summaque locum sibi fecit in arce.
Proximus est aer illi leuitate locoque;
densior his tellus elementaque grandia traxit
et pressa est grauitate sua; circumfluus umor 30
ultima possedit solidumque coercuit orbem.

  Sic ubi dispositam, quisquis fuit ille Deorum,
congeriem secuit sectamque in membra redegit,
principio terram, ne non aequalis ab omni
parte foret, magni speciem glomerauit in orbis. 35
Tum freta diffudit rapidisque tumescere uentis
iussit et ambitae circumdare litora terrae.
Addidit et fontes et stagna inmensa lacusque
fluminaque obliquis cinxit decliuia ripis,
quae, diuersa locis, partim sorbentur ab ipsa, 40
in mare perueniunt partim campoque recepta
liberioris aquae pro ripis litora pulsant.
Iussit et extendi campos, subsidere ualles,
fronde tegi siluas, lapidosos surgere montes.
Vtque duae dextra caelum totidemque sinistra 45
parte secant zonae, quinta est ardentior illis,
sic onus inclusum numero distinxit eodem
cura Dei totidemque plagae tellure premuntur.
Quarum quae media est non est habitabilis aestu;
nix tegit alta duas; totidem inter utramque locauit 50
temperiemque dedit mixta cum frigore flamma.

  Imminet his aer; qui, quanto est pondere terrae,
pondere aquae leuior, tanto est onerosior igni.
Illic et nebulas, illic consistere nubes

e separou do ar espesso o límpido céu.
Depois que os afastou e os tirou do cego acervo,
ligou-os, dissociados, aos seus lugares pela paz da concórdia. 25
A força ígnea e sem peso do céu curvo
despregou-se e achou um lugar no mais alto cimo.
Próximo a ela está o ar, pelo lugar e pela leveza;
a terra, mais densa que eles, arrastou os elementos grandes
e foi comprimida pelo seu peso. O fluido circundante 30
apossou-se do resto e conteve o orbe sólido.
    Quando, assim disposta a massa, aquele Deus qualquer que
                                                    [tenha sido,
a dividiu e, dividida, lhe juntou as partes,
primeiro a terra, para que fosse igual de todo
lado, aglomerou-a com o aspecto de um grande orbe. 35
Então, ordenou que os mares se espalhassem e intumescessem
                                             [com os ventos rápidos,
e circundassem os litorais que rodeiam a terra.
Acrescentou também as fontes e os imensos pântanos e os lagos,
e cingiu com ribas oblíquas os rios em declive,
que, desviados pelo terreno, em parte são absorvidos pela própria terra, 40
em parte chegam ao mar e, recebidos pela planície
de águas mais livres, ferem litorais e não ribas.
Ordenou também que se estendessem planícies, se abaixassem vales,
se cobrissem de frondes as selvas, surgissem montes pedregosos.
E assim como duas zonas dividem o céu pela direita, e outras 45
tantas pela esquerda – e uma quinta é mais ardente –,
assim o peso incluso caracterizou-o com o mesmo número
o cuidado do Deus, e outras tantas plagas são compreendidas
                                                         [pela terra.
Destas, a que está no meio não é habitável por causa do calor;
a neve alta cobre duas; pôs, entre as duas, outras tantas, 50
e deu-lhes uma combinação de calor intenso e frio.
    Acima destas, está o ar, que, o quanto é mais leve que o peso
da terra, que o peso da água, tanto é mais pesado que o fogo.
E ordenou que lá se mantivessem as névoas, lá, as nuvens

iussit et humanas motura tonitrua mentes 55
et cum fulminibus facientes fulgora uentos.
His quoque non passim mundi fabricator habendum
aera permisit; uix nunc obsistitur illis,
cum sua quisque regant diuerso flamina tractu,
quin lanient mundum; tanta est discordia fratrum. 60
Eurus ad Auroram Nabataeaque regna recessit
Persidaque et radiis iuga subdita matutinis;
Vesper et occiduo quae litora sole tepescunt
proxima sunt Zephyro; Scythiam septemque triones
horrifer inuasit Boreas; contraria tellus 65
nubibus assiduis pluuioque madescit ab Austro.
Haec super inposuit liquidum et grauitate carentem
aethera nec quicquam terrenae faecis habentem.
Vix ita limitibus dissaepserat omnia certis
cum, quae pressa diu massa latuere sub illa, 70
sidera coeperunt toto efferuescere caelo.
Neu regio foret ulla suis animalibus orba,
astra tenent caeleste solum formaeque Deorum,
cesserunt nitidis habitandae piscibus undae,
terra feras cepit, uolucres agitabilis aer. 75

[HOMO]

Sanctius his animal mentisque capacius altae
deerat adhuc et quod dominari in cetera posset.
Natus homo est; siue diuino semine fecit
ille opifex rerum, mundi melioris origo,
siue recens tellus seductaque nuper ab alto 80
aethere cognati retinebat semina caeli;
quam satus Iapeto mixtam pluuialibus undis
finxit in effigiem moderantum cuncta Deorum;

e os trovões que comovem as mentes humanas,   55
e os ventos, que, com os raios, produzem relâmpagos.
Também a esses o construtor do mundo não lhes permitiu ocupar
desordenadamente o ar: mal se pode agora resistir-lhes
(quando seus sopros, cada um os arrasta num curso diferente)
para que não despedacem o mundo: tamanha é a discórdia
                                      [dos irmãos.   60
Euro retirou-se em direção à Aurora e aos reinos de Nabatéia
e da Pérsia, e às encostas iluminadas pelos raios matutinos;
Vésper e os litorais que se aquecem ao sol poente
estão próximos ao Zéfiro; a Cítia e o Setentrião
invadiu-os o horrível Bóreas; a terra oposta   65
é umedecida pelas nuvens assíduas e pela chuva do Austro.
Acima de tudo isto, impôs, límpido e isento de peso,
o éter, que nada tem da impureza terrena.
Apenas assim isolara tudo nos limites certos
quando os astros, que por muito tempo se esconderam premidos   70
sob aquela massa, começaram a arder em todo o céu.
Para que nenhuma região fosse privada dos seus seres animados,
os astros e as formas dos Deuses dominam a celeste;
acalmaram-se as ondas para ser habitadas por peixes brilhantes;
a terra acolheu as feras; e os pássaros, o ar instável.   75

O HOMEM

Um animal mais santo que esses e mais capaz de um espírito
                                      [profundo,
e que pudesse dominar os outros, faltava até então.
Nasceu o homem. Ou o fez com a semente divina
aquele obreiro das coisas, origem de um mundo melhor,
ou a terra, nova e recentemente desviada do alto   80
éter, retinha sementes do irmão, o céu.
Essa terra, misturada com águas das chuvas, o filho de Jápeto
modelou à imagem dos Deuses que tudo mantêm nas medidas.

pronaque cum spectent animalia cetera terram,
os homini sublime dedit caelumque tueri 85
iussit et erectos ad sidera tollere uultus.
Sic, modo quae fuerat rudis et sine imagine, tellus
induit ignotas hominum conuersa figuras.

[QVATTVOR AETATES]

Aurea prima sata est aetas quae uindice nullo,
sponte sua, sine lege fidem rectumque colebat. 90
Poena metusque aberant nec uerba minantia fixo
aere legebantur nec supplex turba timebat
iudicis ora sui, sed erant sine uindice tuti.
Nondum caesa suis, peregrinum ut uiseret orbem,
montibus in liquidas pinus descenderat undas 95
nullaque mortales praeter sua litora norant.
Nondum praecipites cingebant oppida fossae;
non tuba directi, non aeris cornua flexi,
non galea, non ensis erat; sine militis usu
mollia securae peragebant otia gentes. 100
Ipsa quoque immunis rastroque intacta nec ullis
saucia uomeribus per se dabat omnia tellus;
contentique cibis nulla cogente creatis
arbuteos fetus montanaque fraga legebant
cornaque et in duris haerentia mora rubetis 105
et quae deciderant patula Iovis arbore glandes.
Ver erat aeternum placidique tepentibus auris
mulcebant zephyri natos sine semine flores.
Mox etiam fruges tellus inarata ferebat
nec renouatus ager grauidis canebat aristis; 110
flumina iam lactis, iam flumina nectaris ibant
flauaque de uiridi stillabant ilice mella.
 Postquam, Saturno tenebrosa in Tartara misso,
sub Ioue mundus erat, subiit argentea proles,

Enquanto os outros animais, inclinados, olham a terra,
deu ao homem um rosto que se volta para o alto e ordenou-lhe 85
ver o céu; e a face erguida, elevá-la aos astros.
Assim, a terra que, havia pouco, fora tosca e informe,
alterada, assumiu desconhecidas figuras humanas.

AS QUATRO IDADES

De ouro é a primeira idade criada, que, sem nenhum vingador,
espontaneamente, sem lei, cultivava a fé e o bem. 90
Castigo e medo estavam ausentes e palavras ameaçadoras não
se liam no bronze fixo; nem temia uma turba suplicante
a face de seu juiz; mas, sem vingador, estava em segurança.
Para ir ver o orbe peregrino, ainda não descera
o pinheiro às límpidas ondas, cortado nos seus montes, 95
e os mortais não conheciam nenhum litoral além dos seus.
Fossos íngremes ainda não cingiam cidades fortificadas.
Não havia tubas de bronze reto nem cornos de bronze recurvo,
nem capacetes, nem espada: sem uso do soldado,
as gentes, livres de cuidados, cumpriam mansos ócios. 100
Também a própria terra, livre de encargos intata quanto
ao rastro e não ferida pelas relhas, por si mesma dava tudo.
E, contentes com os alimentos criados sem nenhuma imposição,
colhiam frutos do medronheiro e morangos das montanhas,
e cornisolos e amoras que se prendiam aos arbustos silvestres, 105
e glandes caídas da frondosa árvore de Júpiter.
A primavera era eterna e, com brisas tépidas, plácidos
zéfiros acariciavam flores nascidas sem semente.
Em pouco tempo, mesmo a terra não arada produzia grãos,
e o campo não amanhado embranquecia-se de pesadas espigas. 110
Ao mesmo tempo que rios de leite, corriam rios de néctar;
e gotas de louro mel destilavam da verde azinheira.
   Depois que – enviado Saturno aos Tártaros tenebrosos –
estava o mundo sob Júpiter, surgiu a raça de prata,

auro deterior, fuluo pretiosior aere. 115
Iuppiter antiqui contraxit tempora ueris
perque hiemes aestusque et inaequalis autumnos
et breue uer spatiis exegit quattuor annum.
Tum primum siccis aer feruoribus ustus
canduit et uentis glacies adstricta pependit. 120
Tum primum sibuere domus; domus antra fuerunt
et densi frutices et uinctae cortice uirgae.
Semina tum primum longis Cerealia sulcis
obruta sunt pressique iugo gemuere iuuenci.

   Tertia post illam successit aenea proles, 125
saeuior ingeniis et ad horrida promptior arma,
non scelerata tamen. De duro est ultima ferro;
protinus inrupit uenae peioris in aeuum
omne nefas; fugere pudor uerumque fidesque,
in quorum subiere locum fraudesque dolique 130
insidiaeque et uis et amor sceleratus habendi.
Vela dabat uentis neque adhuc bene nouerat illos
nauita quaeque diu steterant in montibus altis
fluctibus ignotis insultauere carinae
communemque prius, ceu lumina solis et auras, 135
cautus humum longo signauit limite mensor.
Nec tantum segetes alimentaque debita diues
poscebatur humus; sed itum est in uiscera terrae
quasque recondiderat Stygiisque admouerat umbris
effodiuntur opes, inritamenta malorum. 140
Iamque nocens ferrum ferroque nocentius aurum
prodierat; prodit bellum, quod pugnat utroque
sanguineaque manu crepitantia concutit arma.
Viuitur ex rapto; non hospes ab hospite tutus,
non socer a genero; fratrum quoque gratia rara est. 145
Immunet exitio uir coniugis, illa mariti;
lurida terribiles miscent aconita nouercae;
filius ante diem patrios inquirit in annos.

inferior ao ouro, mais preciosa que o fulvo bronze. 115
Júpiter reduziu a duração da antiga primavera
e, com invernos e verões e outonos desiguais
e uma primavera curta, regulou em quatro estações o ano.
Então, pela primeira vez, abrasado com os secos ardores,
inflamou-se o ar; e, tocado pelos ventos, acumulou-se o gelo. 120
Então, pela primeira vez, surgiram casas. Antros foram as casas,
e densas moitas, e ramos presos com a embira.
As sementes de Ceres, então, pela primeira vez, foram enterradas
em longos sulcos; e gemeram os novilhos, oprimidos pelo jugo.
   Sucedeu-lhe uma terceira raça, de bronze, 125
mais feroz pelo caráter e mais disposta às horríveis armas;
não criminosa, entretanto. De duro ferro é a última.
Imediatamente irrompeu na idade do pior filão
tudo o que é sacrílego: fugiram o pudor, a verdade e a fé.
No seu lugar, surgiram a fraude e o dolo 130
e as insídias e a força e o amor criminoso da posse.
As velas, abria-as aos ventos, nem bem os conhecera ainda,
o navegante; e depois de estarem muito tempo no alto dos montes,
saltaram as proas às correntes desconhecidas.
O solo, antes comum como a luz do sol e as brisas, 135
cauto, um agrimensor marcou-o com limites longos.
Não apenas searas e alimentos necessários ao rico
solo se pediam, mas penetrou-se nas entranhas da terra,
e riquezas que escondera e aproximara das sombras estígias
foram extraídas – desencadeadoras de males. 140
Já o ferro nocivo e o ouro, mais nocivo que o ferro,
haviam surgido; surge a guerra, que luta com um e outro
e, com mão sangrenta, brande armas crepitantes.
Vive-se de roubo. O hóspede não está protegido do hóspede,
nem o sogro, do genro; até a harmonia dos irmãos é rara. 145
O varão ameaça de morte a esposa; ela, o marido.
Terríveis, as madrastas misturam lúridos venenos.
O filho, antes do dia, conspira contra a vida do pai.

Victa iacet pietas et uirgo caede madentis,
ultima caelestum, terras Astraea reliquit. 150

X 1-85

[ORPHEVS]

  Inde per inmensum croceo uelatus amictu
aethera digreditur Ciconumque Hymenaeus ad oras
tendit et Orphea nequiquam uoce uocatur.
Adfuit ille quidem, sed nec sollemnia uerba
nec laetos uoltus nec felix attulit omen. 5
Fax quoque, quam tenuit, lacrimoso stridula fumo
usque fuit nullosque inuenit motibus ignes.
Exitus auspicio grauior; nam nupta per herbas
dum noua Naiadum turba comitata uagatur,
occidit in talum serpentis dente recepto. 10
Quam satis ad superas postquam Rhodopeius auras
defleuit uates, ne non temptaret et umbras,
ad Styga Taenaria est ausus descendere porta;
perque leues populos simulacraque functa sepulcro
Persephonen adiit inamoenaque regna tenentem 15
umbrarum dominum pulsisque ad carmina neruis
sic ait: "O positi sub terra Numina mundi
in quem reccidimus, quicquid mortale creamur;
si licet et falsi positis ambagibus oris
uera loqui sinitis, non huc, ut opaca uiderem 20
Tartara, descendi, nec uti uillosa colubris
terna Medusaei uincirem guttura monstri;
causa uiae coniunx, in quam calcata uenenum
uipera diffudit crescentesque abstulit annos.
Posse pati uolui nec me temptasse negabo; 25

Vencida jaz a Piedade; e as terras úmidas de sangue derramado,
abandonou-as a virgem Astréia, último dos seres celestes. 150

M.G.N.

X 1-85

ORFEU

Daí, velado com o manto cor de açafrão, pelo imenso
éter, afasta-se Himeneu e se dirige às praias dos cícones
e em vão é chamado pela voz de Orfeu.
Ele esteve presente, é verdade, mas não levou
nem cantos rituais nem rosto alegre nem presságio favorável. 5
Até o facho que segurou, sibilante pelo fumo lacrimoso,
acabou-se; nem sacudido encontrou as suas chamas.
Desfecho mais grave que o auspício: passeando a recém-casada
pela relva, acompanhada do coro das Náiades,
morre, picada no tornozelo por uma serpente. 10
Depois de chorá-la bastante nas auras superiores, o cantor
de Ródope não deixou de tentar também as sombras,
e ousou descer à porta estígia do Tênaro.
Por entre a leve multidão e as almas sepultadas,
chegou a Perséfone e ao senhor que domina os reinos não amenos 15
das sombras. Vibrando ao ritmo dos versos as cordas da lira,
diz: "Ó Numes do mundo subterrâneo
no qual recaímos todos os que nascemos mortais,
se é lícito e se – depostos os rodeios da língua falsa –
me permitis dizer a verdade, não desci até aqui para ver 20
o sombrio Tártaro; nem para vencê-la, eriçada de cobras,
a tripla garganta do monstro meduseu.
A causa da viagem é minha esposa: uma serpente, pisada,
instilou nela o veneno e roubou-lhe a vida em flor.
Eu quis poder suportar e não negarei que o tentei: 25

uicit Amor. Supera Deus hic bene notus in ora est;
an sit et hic, dubito; sed et hic tamen auguror esse;
famaque si ueteris non est mentita rapinae,
uos quoque iunxit Amor. Per ego haec loca plena timoris,
per Chaos hoc ingens uastique silentia regni, 30
Eurydices, oro, properata retexite fata.
Omnia debentur uobis paulumque morati
serius aut citius sedem properamus ad unam.
Tendimus huc omnes, haec est domus ultima uosque
humani generis longissima regna tenetis. 35
Haec quoque, cum iustos matura peregerit annos,
iuris erit uestri; pro munere poscimus usum.
Quod si fata negant ueniam pro coniuge, certum est
nolle redire mihi; leto gaudete duorum".

   Talia dicentem neruosque ad uerba mouentem 40
exsangues flebant animae; nec Tantalus undam
captauit refugam stupuitque Ixionis orbis,
nec carpsere iecur uolucres urnisque uacarunt
Belides inque tuo sedisti, Sisyphe, saxo.
Tunc primum lacrimis uictarum carmine fama est 45
Eumenidum maduisse genas; nec regia coniunx
sustinet oranti, nec qui regit ima, negare
Eurydicenque uocant; umbras erat illa recentes
inter et incessit passu de uulnere tardo.
Hanc simul et legem Rhodopeius accipit Orpheus, 50
ne flectat retro sua lumina, donec Auernas
exierit ualles; aut irrita dona futura.
Carpitur accliuis per muta silentia trames,
arduus, obscurus, caligine densus opaca.
Nec procul afuerant telluris margine summae; 55
hic, ne deficeret metuens auidusque uidendi,
flexit amans oculos et protinus illa relapsa est;

venceu o Amor. Este é um Deus bem conhecido nas auras superiores.
Se o é também aqui não sei; no entanto suponho que mesmo aqui
[o seja
e, se não é mentirosa a fama do antigo rapto,
a vós também uniu o Amor. Eu – por estes lugares cheios de medo,
por este Caos imenso e pelos silêncios do vasto reino –   30
suplico: refazei o destino prematuro de Eurídice.
Tudo se deve a vós, e sem demorarmos muito
mais cedo ou mais tarde precipitamo-nos a uma só morada.
Para aqui nos dirigimos todos: esta é a pátria última e vós
dominais os reinos mais longos do gênero humano.   35
Também Eurídice quando, madura, houver percorrido os anos justos,
vos pertencerá de direito; como dádiva, pedimos o uso.
E se os destinos negam a minha esposa esta graça, o certo é,
para mim, não querer voltar: alegrai-vos com a morte dos dois".

   Dizendo ele isto e tocando as cordas da lira ao ritmo das palavras,   40
choravam as almas exangues. E Tântalo não captou
a onda fugidia, e parou estupefata a roda de Ixião.
Nem abutres devoraram o fígado, nem esvaziaram urnas
as Bélides. E te sentaste, Sísifo, no teu rochedo.
Dizem que então, pela primeira vez, se molharam de lágrimas   45
as faces das Eumênides vencidas pelo canto. Nem a régia esposa
consegue negar ao suplicante, nem o que nas profundezas reina:
e chamam Eurídice. Estava ela entre as novas sombras
e caminhou com passo lento por causa da ferida.
Recebe-a Orfeu de Ródope e, ao mesmo tempo, a lei: 50
não volte para trás os olhos até haver deixado
os vales do Averno; ou inúteis hão de ser os dons.
Percorrem por entre mudos silêncios uma vereda íngreme,
árdua, obscura e densa pelo nevoeiro opaco.
E não estavam longe da superfície da terra: 55
ele, temendo que o abandonasse, e ávido de vê-la,
voltou, apaixonado, os olhos: ela retrocedeu imediatamente

bracchiaque intendens prendique et prendere certans,
nil nisi cedentis infelix arripit auras.
Iamque iterum moriens non est de coniuge quicquam 60
questa suo (quid enim nisi se quereretur amatam?)
supremumque "uale", quod iam uix auribus ille
acciperet, dixit, reuolutaque rursus eodem est.
   Non aliter stupuit gemina nece coniugis Orpheus
quam tria qui timidus, medio portante catenas, 65
colla canis uidit, quem non pauor ante reliquit
quam natura prior, saxo per corpus oborto;
quique in se crimen traxit uoluitque uideri
Olenos esse nocens, tuque, o confisa figurae,
infelix Lethaea, tuae, iunctissima quondam 70
pectora, nunc lapides, quos umida sustinet Ide.
Orantem frustraque iterum transire uolentem
portitor arcuerat; septem tamen ille diebus
squalidus in ripa Cereris sine munere sedit;
cura dolorque animi lacrimaeque alimenta fuere. 75
Esse Deos Erebi crudeles questus, in altam
se recipit Rhodopen pulsumque aquilonibus Haemum.
Tertius aequoreis inclusum Piscibus annum
finierat Titan omnemque refugerat Orpheus
femineam Venerem, seu quod male cesserat illi, 80
siue fidem dederat; multas tamen ardor habebat
iungere se uati; multae doluere repulsae.
Ille etiam Thracum populis fuit auctor amorem
in teneros transferre mares citraque iuuentam
aetatis breue uer et primos carpere flores. 85

e, estendendo os braços, esforçando-se por ser presa e por prendê-lo,
nada agarrou, infeliz, senão as brisas que se dissipavam.
E já pela segunda vez morrendo, de nada se queixou quanto 60
ao esposo que era seu: de que se queixaria, senão de ser amada?
Disse o último adeus, que ele mal receberia
em seus ouvidos e voltou de novo ao lugar de onde viera.
   Orfeu quedou estupefato pela dupla morte da esposa
(como quem, temeroso, viu os três pescoços do cão, 65
acorrentado o do meio, e a quem o pavor não abandonou antes
de abandoná-lo a natureza, nascendo um rochedo em lugar do corpo;
e como Óleno, que arrastou sobre si a acusação e quis parecer
culpado, e tu, confiante na tua beleza,
ó infeliz Letéia: corações outrora intimamente unidos, 70
agora pedras que sustém o úmido Ida):
suplicante e querendo em vão atravessar pela segunda vez,
o barqueiro o afastara. E durante sete dias ele,
esquálido, ficou sentado na margem, sem os dons de Ceres.
A tristeza e a dor da alma e as lágrimas foram seu alimento. 75
Queixou-se de que eram cruéis os Deuses do Érebo, e ao cimo
do Ródope se recolheu, e ao Hemo batido pelo Aquilão.
O ano fechado pelos Peixes do mar o completara
o Titã pela terceira vez, e fugira Orfeu a todo
amor feminino, ou porque este lhe fora infeliz, 80
ou por haver feito um juramento. A muitas, porém, dominava o ardor
de unir-se ao poeta; muitas, repelidas, sofreram.
Ele, ainda, aconselhou aos povos trácios a transferir
para os jovens o amor, e a colher, antes da juventude,
a curta primavera da vida e as primeiras flores. 85

                                                 M.G.N.

X 86-142

[CYPARISSVS]

Collis erat collemque super planissima campi
area, quam uiridem faciebant graminis herbae.
Vmbra loco deerat; qua postquam parte resedit
Dis genitus uates et fila sonantia mouit,
umbra loco uenit; non Chaonis abfuit arbor,   90
non nemus Heliadum, non frondibus aesculus altis,
nec tiliae molles, nec fagus et innuba laurus,
et coryli fragiles et fraxinus utilis hastis
enodisque abies curuataque glandibus ilex
et platanus genialis acerque coloribus impar   95
amnicolaeque simul salices et aquatica lotos
perpetuoque uirens buxum tenuesque myricae
et bicolor myrtus et bacis caerula tinus.
Vos quoque, flexipedes hederae, uenistis et una
pampineae uites et amictae uitibus ulmi   100
ornique et piceae pomoque onerata rubenti
arbutus et lentae, uictoris praemia, palmae
et succincta comas hirsutaque uertice pinus,
grata Deum matri; siquidem Cybeleius Attis
exuit hac hominem truncoque induruit illo.   105
  Adfuit huic turbae metas imitata cupressus,
nunc arbor, puer ante Deo dilectus ab illo
qui citharam neruis et neruis temperat arcum.
Namque sacer Nymphis Carthaea tenentibus arua
ingens ceruus erat lateque patentibus altas   110
ipse suo capiti praebebat cornibus umbras.
Cornua fulgebant auro demissaque in armos
pendebant tereti gemmata monilia collo.
Bulla super frontem paruis argentea loris

X 86-142

CIPARISSO

  Havia uma colina e sobre essa colina se estendia
uma área descampada, alcatifada com verde gramado.
Era o local desprovido de sombra; quando o poeta, gerado dos Deuses,
aí se sentou e tocou as cordas sonoras de sua lira, a sombra
surgiu no lugar; não faltaram a árvore da Caônia, nem o bosque   90
das Helíades, nem o carvalho de folhagem altaneira,
nem as delicadas tílias, nem a faia e o loureiro virgem,
nem as frágeis aveleiras e o freixo útil para os dardos,
nem o abeto desprovido de nós e a azinheira, curvada ao peso
                                                                                  [das glandes,
nem o alegre plátano e o bordo de colorido variado   95
e, com eles, as salsas que crescem junto aos rios e o loto aquático,
o buxo sempre verde e os delgados tamarindos,
a mirta de duas cores e o loureiro silvestre com bagas cerúleas.
Vós também viestes, heras de pés flexíveis, e também vós,
videiras cobertas de pâmpanos, olmos cobertos de videiras,   100
freixos silvestres, abetos negros, medronheiro carregado
de frutos vermelhos, palmas flexíveis, prêmios do vencedor,
pinheiro, de folhagem presa no ápice eriçado,
caro à mãe dos Deuses; pois Átis, favorito de Cibele,
por ele trocou a forma humana e se enrijeceu naquele tronco.   105
  A esse grande número de plantas juntou-se o cipreste,
de forma cônica, uma árvore agora, mas antes uma criança amada
por aquele Deus que tange as cordas da lira e retesa o arco.
Havia um enorme veado, consagrado às Ninfas que habitavam
os campos de Cartéia; com chifres esgalhados,   110
ele estendia ampla sombra sobre a sua cabeça.
Os chifres resplandeciam de ouro; e colares, ornados de gemas,
pendurados no pescoço arredondado, pendiam pelos ombros.
Sobre a sua fronte se movia uma bola de prata, presa

uincta mouebatur parilique aetate; nitebant 115
auribus e geminis circum caua tempora bacae;
isque metu uacuus naturalique pauore
deposito celebrare domos mulcendaque colla
quamlibet ignotis manibus praebere solebat.
Sed tamen ante alios, Ceae pulcherrime gentis, 120
gratus erat, Cyparisse, tibi; tu pabula ceruum
ad noua, tu liquidi ducebas fontis ad undam;
tu modo texebas uarios per cornua flores,
nunc eques in tergo residens huc laetus et illuc
mollia purpureis frenabas ora capistris. 125
Aestus erat mediusque dies solisque uapore
concaua litorei feruebant bracchia Cancri;
fessus in herbosa posuit sua corpora terra
ceruus et arborea frigus ducebat ab umbra.
Hunc puer imprudens iaculo Cyparissus acuto 130
fixit et, ut saeuo morientem uulnere uidit,
uelle mori statuit. Quae non solacia Phoebus
dixit et ut leuiter pro materiaque doleret
admonuit! Gemit ille tamen munusque supremum
hoc petit a superis, ut tempore lugeat omni. 135
Iamque, per inmensos egesto sanguine fletus,
in uiridem uerti coeperunt membra colorem
et modo qui niuea pendebant fronte capilli
horrida caesaries fieri sumptoque rigore
sidereum gracili spectare cacumine caelum. 140
Ingemuit tristisque Deus: "Lugebere nobis
lugebisque alios aderisque dolentibus", inquit.

por pequeninas correias que tinham a sua idade; pérolas brilhavam 115
em suas duas orelhas, em volta das cavidades das têmporas;
isento de temor e livre de sua natural timidez
freqüentava as moradias e oferecia o pescoço
a carícias, até mesmo de mãos estranhas.
No entanto, Ciparisso, o mais belo da raça de Céos, 120
tu o amavas mais que todos os outros; tu levavas o veado
para pastagens novas e para uma fonte de água límpida;
ora trançavas, pelos seus chifres, flores de várias tonalidades,
ora, alegre cavaleiro, montado nas suas costas, freavas,
aqui e acolá, a dócil boca, com rédeas de púrpura. 125
Era verão e meio-dia; com o calor do sol ferviam
os braços recurvados de Câncer, morador do litoral;
cansado, o veado estendia o seu corpo sobre a terra
coberta de relva e sorvia o ar fresco à sombra das árvores.
O jovem Ciparisso distraído transpassou-o com um dardo pontiagudo, 130
e, quando o viu morrer do cruel ferimento, também desejou morrer.
Com quantas palavras consoladoras Febo o confortou
e o aconselhou a sofrer menos por causa do incidente!
Entretanto ele se lamenta e pede aos Deuses esse
favor supremo: permitir que chore para sempre. 135
E então, à medida que suas forças se esvaem com
lágrimas contínuas, seus membros começam a tomar uma coloração
verde, seus cabelos, que pouco antes pendiam da fronte nívea,
transformaram-se numa folhagem eriçada e, tornando-se rígidos,
contemplam o céu cheio de estrelas, com seu ápice gracioso. 140
O Deus soltou um gemido e disse tristemente: "Serás pranteado
por mim, chorarás pelos outros e ficarás junto aos que sofrem".

R.J.F.

TRISTIVM LIBRI I 3

Cum subit illius tristissima noctis imago
   qua mihi supremum tempus in Vrbe fuit,
cum repeto noctem, qua tot mihi cara reliqui,
   labitur ex oculis nunc quoque gutta meis.
Iam prope lux aderat, cum me discedere Caesar   5
   finibus extremae iusserat Ausoniae.
Nec spatium fuerat nec mens satis apta parandi:
   torpuerant longa pectora nostra mora;
non mihi seruorum, comites non cura legendi,
   non aptae profugo uestis opisue fuit.   10
Non aliter stupui quam qui Iouis ignibus ictus
   uiuit et est uitae nescius ipse suae.
Vt tamen hanc animi nubem dolor ipse remouit
   et tandem sensus conualuere mei,
adloquor extremum maestos abiturus amicos,   15
   qui modo de multis unus et alter erat.
Vxor amans flentem flens acrius ipsa tenebat
   imbre per indignas usque cadente genas.
Nata procul Libycis aberat diuersa sub oris
   nec poterat fati certior esse mei.   20
Quocumque aspiceres, luctus gemitusque sonabant
   formaque non taciti funeris intus erat.
Femina uirque meo pueri quoque funere maerent
   inque domo lacrimas angulus omnis habet.

CANTOS TRISTES I 3

Quando me vem à mente a imagem tristíssima daquele noite
  em que vivi os últimos instantes na Cidade,
quando relembro a noite em que abandonei tantos bens que me
                                    [eram caros,
  ainda, agora, dos olhos meus escorre o pranto.
Já próximo estava o dia – pois me ordenara César   5
  partir dos limites últimos da Ausônia.
Não houvera tempo nem coragem bastante ou aptidão
                                    [de preparar-me:
  entorpecera-me o coração com a longa espera.
Não me preocupei com escravos, nem com escolher os companheiros
  ou vestes ou recursos adequados a exilados.   10
Andei estupefato, como quem, ferido pelo raio de Júpiter,
  vive e, ele mesmo, é inconsciente de sua vida.
Mas depois que a própria dor afastou de meu espírito esta nuvem
  e voltaram, enfim, a si os meus sentidos,
falo pela última vez, quase a partir, com os amigos tão aflitos 15
  (que – de muitos – eram apenas um ou dois).
A esposa amante me retinha, chorando eu, chorando ela própria
                                    [mais convulsamente,
  as lágrimas a escorrer pelas faces, que não as mereciam.
Longe a filha, estava ausente, distante sob os céus da Líbia
  nem pudera saber do meu destino.   20
Aonde quer que se olhasse, luto e gemidos ressoavam;
  dentro, a imagem de funerais não silentes é o que se via.
Mulheres e homens e jovens também se afligem com meu funeral,
  e na casa todo canto é cheio de lágrimas.

Si licet exemplis in paruo grandibus uti, 25
   haec facies Troiae, cum caperetur, erat.
Iamque quiescebant uoces hominumque canumque
   lunaque nocturnos alta regebat equos:
hanc ego suspiciens et ad hanc Capitolia cernens
   quae nostro frustra iuncta fuere Lari, 30
"Numina uicinis habitantia sedibus", inquam,
   "iamque oculis nunquam templa uidenda meis
Dique reliquendi quos urbs habet alta Quirini,
   este salutati tempus in omne mihi!
Et quanquam sero clipeum post uulnera sumo, 35
   attamen hanc odiis exonerate fugam
caelestique uiro quis me deceperit error
   dicite, pro culpa ne scelus esse putet,
ut, quod uos scitis, poenae quoque sentiat auctor:
   placato possum non miser esse deo". 40
Hac prece adoraui superos ego, pluribus uxor
   singultu medios impediente sonos.
Illa etiam ante Lares passis adstrata capillis
   contigit extinctos ore tremente focos
multaque in aduersos effudit uerba Penates 45
   pro deplorato non ualitura uiro.
Iamque morae spatium nox praecipitata negabat
   uersaque ab axe suo Parrhasis Arctos erat.
Quid facerem? Blando patriae retinebar amore,
   ultima sed iussae nox erat illa fugae. 50
A! Quotiens aliquo dixi properante: "Quid urges?
   Vel quo festinas ire uel unde, uide".
A! Quotiens certam me sum mentitus habere
   horam propositae quae foret apta uiae.
Ter limen tetigi, ter sum reuocatus et ipse 55
   indulgens animo pes mihi tardus erat.

(Se é permitido usar exemplos grandes em pequenos fatos,
 era este o retrato de Tróia quando foi tomada.)
Aquietavam-se já vozes de homens e de cães,
 e a lua no alto guiava os cavalos noturnos.
Contemplando-a eu, e vendo ao luar o Capitólio,
 em vão situado junto ao nosso Lar:
"Numes que habitais vizinhas sedes", digo,
 "e templos que nunca mais hei de ver com estes olhos,
e Deuses que devo abandonar – guardados pela cidade alta
                              [de Quirino –,
 sede saudados por mim por todo o sempre!
E, embora tome o escudo muito tarde, após os ferimentos,
 livrai de ódios, pelo menos, o desterro,
e dizei ao varão celestial que engano me iludiu,
 para que não julgue ser um crime a culpa
e a fim de que o que sabeis também o sinta o autor da pena:
 aplacado esse deus posso não ser muito infeliz".
Com esta prece adorei eu os grandes Deuses, com mais a esposa,
 o soluço interrompendo-lhe a voz.
Ela, ainda, os cabelos soltos, ante os Lares inclinada,
 com lábios trêmulos tocou fogos extintos
e ante os Penates adversos proferiu muitas palavras
 (que seriam ineficazes) pelo esposo deplorado.
Já a noite, que chegara ao fim, negava tempo e mora:
 girara sobre o eixo a Ursa de Parrásia.
O que faria? Era retido pelo meigo amor à Pátria,
 mas era aquela a última noite para o exílio decretado.
Ah! Quantas vezes, apressando-se alguém, não disse eu: "Por que
                              [me empurras?
 Vê para onde ou de onde me despachas".
Ah! Quantas vezes fingi que tinha hora
 marcada – adequada à viagem decidida.
Três vezes toquei o limiar, três vezes fui chamado para dentro;
 e meus próprios pés, cedendo a meu espírito, eram lentos.

Saepe "uale" dicto rursus sum multa locutus
   et quasi discedens oscula summa dedi.
Saepe eadem mandata dedi meque ipse fefelli
   respiciens oculis pignora cara meis. 60
Denique: "Quid propero? Scythia est quo mittimus, inquam,
   Roma relinquenda est: utraque iusta mora est.
Vxor in aeternum uiuo mihi uiua negatur
   et domus et fidae dulcia membra domus,
quosque ego dilexi fraterno more sodales. 65
   O mihi Thesea pectora iuncta fide!
Dum licet, amplectar: nunquam fortasse licebit
   amplius; in lucro est quae datur hora mihi".
Nec mora, sermonis uerba imperfecta relinquo
   complectens animo proxima quaeque meo. 70
Dum loquor et flemus, caelo nitidissimus alto
   stella grauis nobis Lucifer ortus erat.
Diuidor haud aliter quam si mea membra relinquam
   et pars abrumpi corpore uisa suo est.
Sic doluit Mettus, tunc cum in contraria uersos 75
   ultores habuit proditionis equos.
Tum uero exoritur clamor gemitusque meorum
   et feriunt maestae pectora nuda manus;
tum uero coniux umeris abeuntis inhaerens
   miscuit haec lacrimis tristia uerba meis: 80
"Non potes auelli; simul hinc, simul ibimus", inquit,
   "te sequar et coniux exulis exul ero.
Et mihi facta uia est et me capit ultima tellus:
   accedam profugae sarcina parua rati.
Te iubet e Patria discedere Caesaris ira, 85
   me pietas: pietas haec mihi Caesar erit".
Talia temptabat, sicut temptauerat ante,
   uixque dedit uictas utilitate manus.

Muitas vezes, dito o adeus, novamente falei muito,
  e, como que partindo, dei últimos beijos.
Muitas vezes dei as mesmas ordens e a mim mesmo me enganei,
  envolvendo com meus olhos penhores do meu amor.   60
Afinal: "Por que me apresso?", digo. "A Cítia é para onde sou mandado;
  Roma deve ser deixada: uma e outra justificam a demora.
A mim, vivo, é negada para sempre a esposa viva;
  e a casa e os doces membros da fiel família
e os companheiros que fraternalmente amei.   65
  Ó corações a mim unidos com a lealdade de Teseu!
Abraçar-vos-ei enquanto posso: talvez nunca mais
  possa: é uma riqueza esta hora que me é dada."
Sem mais demora, deixo inacabadas as palavras da conversa,
  abraçando tudo o que está próximo a minha alma.   70
Enquanto eu falo e nós choramos, brilhantíssimo no alto céu,
  Lúcifer nascera: estrela tão funesta para nós.
E sou despedaçado, como que perdendo os membros,
  e uma parte pareceu rasgar-se de seu corpo.
(Assim Métio sofreu, quando em sentidos contrários se voltaram   75
  os cavalos vingadores da sua traição.)
Então, sim, elevam-se clamores e gemidos dos meus,
  e aflitas mãos ferem os peitos nus.
Então, partindo eu, minha esposa, abraçando-se a meus ombros,
  misturou às minhas lágrimas estas palavras tristes: 80
"Não podes ser-me arrancado: juntos, daqui, juntos iremos", diz.
  "Seguir-te-ei – e esposa de exilado, exilada serei:
também para mim é feita a estrada, e pode acolher-me o fim
                              [do mundo;
  chegarei como bagagem leve para o barco desterrado.
Ordena-te partir da Pátria a ira de César,   85
  a mim, o amor: este amor será César para mim."
Tentava estes argumentos como antes havia tentado,
  e a custo se deixou vencer pela ponderação.

Egredior, siue illud erat sine funere ferri,
   squalidus, inmissis hirta per ora comis. 90
Illa dolore amens tenebris narratur obortis
   semianimis media procubuisse domo,
utque resurrexit foedatis puluere turpi
   crinibus et gelida membra leuauit humo,
se modo, desertos modo complorasse Penates. 95
   Nomen et erepti saepe uocasse uiri,
nec gemuisse minus quam si nataeque uirique
   uidisset structos corpus habere rogos,
et uoluisse mori, moriendo ponere sensus,
   respectuque tamen non periisse mei. 100
Viuat et absentem, quoniam sic fata tulerunt,
   uiuat et auxilio subleuet usque suo!

Eu saio – ou aquilo era ser levado sem funeral –,
  em desalinho, os cabelos caídos pelo rosto barbado.　　　　　　90
Contam que ela, desatinada de dor e tomada de vertigem,
  caiu semimorta no meio do chão.
E quando ressurgiu, com os cabelos sujos de poeira
  suja e do chão frio levantou o corpo,
contam que ora chorou os abandonados Penates,　　　　　　　　95
  ora chamou também, muitas vezes, o nome do esposo roubado
e gemeu tanto como se visse os corpos da filha
  e do esposo no alto das piras.
E quis morrer e, morrendo, não sentir mais nada;
  em consideração a mim, no entanto, não morreu.　　　　　　　100
Que viva e, pois que os destinos assim determinaram,
  viva e com o seu auxílio defenda sempre o ausente.

　　　　　　　　　　　　　　　　　　　　　　M.G.N.

EX PONTO III 7

[AMICIS]

Verba mihi desunt eadem tam saepe roganti,
  iamque pudet vanas fine carere preces.
Taedia consimili fieri de carmine uobis,
  quidque petam, cunctos edidicisse reor.
Nostra quid adportet iam nostis epistola, quamuis   5
  charta sit a uinclis non labefacta suis.
Ergo mutetur scripti sententia nostri,
  ne toties contra, quam rapit amnis, eam.
Quod bene de uobis speraui, ignoscite, amici:
  talia peccandi iam mihi finis erit.   10
Nec grauis uxori dicar: quae scilicet in me
  quam proba, tam timida est, experiensque parum.
Haec quoque, Naso, feres: etenim peiora tulisti:
  iam tibi sentiri sarcina nulla potest.
Ductus ab armento taurus detrectat aratrum,   15
  subtrahit et duro colla nouella iugo.
Nos, quibus adsueuit fatum crudeliter uti,
  ad mala iam pridem non sumus ulla rudes.
Venimus in Geticos fines: moriamur in illis,
  Parcaque ad extremum, qua mea coepit, eat.   20
Spem iuuet amplecti, quae non iuuat irrita semper;
  et, fieri cupias, si qua futura putes.
Proximus huic gradus est, bene desperare salutem,
  seque semel uera scire perisse fide.

CARTAS DO PONTO III 7

AOS AMIGOS

Faltam-me palavras, pedindo eu tão freqüentemente a mesma coisa,
   e já se envergonham de não ter fim as preces vãs.
Calculo que se vos produzem tédios de versos tão iguais,
   e o que quer que eu peça todos o decoraram.
Já sabeis o que vos leva a nossa carta, antes de   5
   ter sido o papiro retirado de seus laços.
Mude-se, portanto, a intenção do nosso escrito,
   para que eu não vá tantas vezes contra a que o rio leva.
O que esperei de vós, confiantemente, esqueci-o, amigos:
   esse pecado, logo deixarei de cometê-lo.   10
Nem me chamem pesado a minha esposa: que, naturalmente,
                                  [o quanto
   em relação a mim é digna, tanto é tímida e pouco experiente:
também isto, Naso, o suportarás. De fato, piores suportaste:
   já nenhum fardo poderás sentir.
Afastado do rebanho, o touro rejeita o arado   15
   e arranca ao duro jugo o pescoço jovem.
Nós, que o destino tem usado cruelmente,
   há muito não somos estranhos a qualquer mal.
Chegamos aos confins dos getas: morramos neles,
   e vá até o fim a minha Parca, por onde começou.   20
Pode ajudar abraçar-se a uma esperança que não ajuda, inútil sempre,
   e podes desejar que ela se cumpra, se julgares que poderá
                                  [cumprir-se.
O passo mais próximo deste é desesperar inteiramente da salvação
   e, de uma vez, saber que se pereceu com a verdadeira confiança.

Curando fieri quaedam maiora uidemus 25
   uulnera, quae melius non tetigisse fuit.
Mitius ille perit, subita qui mergitur unda,
   quam sua qui tumidis brachia lassat aquis.
Cur ego concepi Scythicis me posse carere
   finibus, et terra prosperiore frui? 30
Cur aliquid de me speraui lenius unquam?
   An fortuna mihi sic mea nota fuit?
Torqueor en grauius; repetitaque forma locorum
   exsilium renouat triste, recensque facit.
Est tamen utilius studium cessasse meorum, 35
   quam, quas admorint, non ualuisse preces.
Magna quidem res est, quam non audetis, amici:
   sed si quis peteret, qui dare uellet erat.
Dummodo non uobis hoc Caesaris ira negarit,
   fortiter Euxinis immoriemur aquis. 40

Cuidando-as, vemos que se tornam maiores algumas 25
   feridas, que seria melhor não haver tocado:
morre mais docemente quem é submergido por uma onda súbita
   que o outro, que cansa os braços em revoltas águas.
Por que pensei eu que podia ficar livre dos confins
   da Cítia, e usufruir uma terra melhor?
Por que esperei algo de mais brando para mim um dia? 30
   A minha sorte, foi assim que a conheci?
Eis que mais gravemente me atormento: relembrar a beleza
                                      [das paragens
   renova o triste exílio e o traz a minha mente.
É melhor, entretanto, haver cessado a dedicação dos meus 35
   do que não terem valido súplicas que houvessem feito.
É grandíssimo o que não ousais, amigos:
   mas, se alguém pedisse, havia quem quisesse dar.
Contanto que a ira de César não vos tenha negado isto,
   fortes morreremos nas águas do Euxino. 40

                                                  M.G.N.

PVBLIVS PAPINIVS STATIVS

PÚBLIO PAPÍNIO ESTÁCIO

SILVAE II 7

GENETHLIACON LVCANI AD POLLAN

Lucani proprium diem frequentet,
quisquis collibus Isthmiae Diones
docto pectora concitatus oestro
pendentis bibit ungulae liquorem.
Ipsi, quos penes est honor canendi, 5
uocalis citharae repertor Arcas
et tu Bassaridum rotator Euhan
et Paean et Hyantiae sorores,
laetae purpureas nouate uittas,
crinem comite, candidamque uestem 10
perfundant hederae recentiores.
Docti largius euagentur amnes,
et plus Aoniae uirete siluae,
et, si qua patet aut diem recepit,
sertis mollibus expleatur umbra. 15
Centum Thespiacis odora lucis
stent altaria uictimaeque centum,
quas Dirce lauat aut alit Cithaeron:
Lucanum canimus, fauete linguis;
uestra est ista dies, fauete, Musae, 20
dum qui uos geminas tulit per artes,
et uinctae pede uocis et solutae,
Romani colitur chori sacerdos.
  Felix heu nimis et beata tellus,
quae pronos Hyperionis meatus 25
summis Oceani uides in undis

SILVAS II 7

HORÓSCOPO DE LUCANO A POLA

   Celebre o dia próprio de Lucano
todo aquele que, nas colinas da ístmica Dione,
por um sábio delírio arrebatado o peito,
bebe a água do cavalo alado:
vós mesmos, que detendes a honra do canto,   5
Árcade, criador da cítara harmoniosa,
e tu, Evan, que fazes dançar as Bacantes,
e Peão; e vós, irmãs da Beócia,
alegres renovai as fitas cor de púrpura,
penteai os cabelos, e sobre a cândida veste   10
se espalhem ramos bem vivos de hera.
Sábios, mais copiosamente se estendam os rios,
e mais, selvas aônias, reverdecei;
e se alguma se abre ou recebe o dia
por suaves guirlandas seja reparada a sombra.   15
Dos bosques de Téspias, cem odoríferos
altares se ergam e cem vítimas,
que Dirce lava ou Citéron alimenta:
festejamos Lucano, guardai silêncio;
vosso é este dia, sede propícias, Musas,   20
enquanto aquele que vos levou por gêmeas artes
— a da palavra presa pelo verso e a da palavra livre —
é cultuado, sacerdote do romano coro.
   Feliz! Ah! Muito! E ditosa terra,
que os inclinados caminhos do filho de Hiperíon   25
vês nas profundas ondas do Oceano,

stridoremque rotae cadentis audis,
quae Tritonide fertilis Athenas
unctis, Baetica, prouocas trapetis:
Lucanum potes imputare terris! 30
Hoc plus quam Senecam dedisse mundo
aut dulcem generasse Gallionem.
Attollat refluos in astra fontes
Graio nobilior Melete Baetis;
Baetim, Mantua, prouocare noli. 35
Natum protinus atque humum per ipsam
primo murmure dulce uagientem
blando Calliope sinu recepit.
Tum primum posito remissa luctu
longos Orpheos exuit dolores 40
et dixit: "Puer o dicate Musis,
longaeuos cito transiture uates,
non tu flumina nec greges ferarum
nec plectro Geticas mouebis ornos,
sed Septem Iuga Martiumque Thybrim 45
et doctos equites et eloquente
cantu purpureum trahes senatum.
Nocturnas alii Phrygum ruinas
et tardi reducis uias Vlixis
et puppem temerarium Mineruae 50
trita uatibus orbita sequantur:
tu carus Latio memorque gentis
carmen fortior exeres togatum.
Ac primum teneris adhuc in annis
ludes Hectora Thessalosque currus 55
et supplex Priami potentis aurum,
et sedes reserabis inferorum,
ingratus Nero dulcibus theatris
et noster tibi proferetur Orpheus.
Dices culminibus Remi uagantis 60
infandos domini nocentis ignes.
Hinc castae titulum decusque Pollae
iocunda dabis adlocutione.

e ouves o estridor da roda quando cai,
e que uma Atenas fértil em frutos da Tritônida
com oleosas mós, Bética, provocas:
Lucano, podes ostentá-lo à terra 30
mais do que ostentas haver dado ao mundo Sêneca
ou ter gerado o suave Galião.
Eleve aos astros fontes que refluam
– que o grego Meles mais ilustre – o Bétis.
O Bétis, Mântua, não queiras provocar. 35
Logo ao nascer e no próprio solo,
ao primeiro murmúrio vagindo suavemente,
ao meigo regaço Calíope o recolheu.
Então pela primeira vez, deposto o luto, ela refeita
as longas dores por Orfeu despiu 40
e disse: "Menino, ó consagrado às Musas,
prestes a ultrapassar facilmente os antigos poetas,
tu não os rios nem bandos de feras
nem os freixos do getas moverás com o plectro,
mas as Sete Colinas e o Márcio Tibre 45
e sábios cavaleiros; e com versos eloqüentes
atrairás o Senado vestido de púrpura.
Outros as noturnas ruínas dos frígios
e os caminhos do tardo Ulisses, de volta,
e a nau temerária de Minerva 50
– roteiros calcados pelos poetas – outros os sigam:
tu, caro ao Lácio e lembrando a tua raça,
mais audacioso, togado canto exibirás.
E, primeiro, ainda em tenra idade
brincarás com Heitor e os carros tessálios 55
e o ouro suplicante do poderoso Príamo;
e abrirás as moradas infernais;
o ingrato Nero e nosso Orfeu a corteses
espectadores serão por ti oferecidos.
Contarás os infandos fogos de um tirano criminoso, 60
espalhando-se pelos telhados de Remo.
Daí, um título de honra, à casta Pola
o darás com palavras agradáveis.

Mox coepta generosior iuuenta
albos ossibus Italis Philippos   65
et Pharsalica bella detonabis,
quo fulmen ducis inter arma diui,
libertate grauem pia Catonem
et gratum popularitate Magnum.
Tu Pelusiaci scelus Canopi   70
deflebis pius et Pharo cruenta.
Pompeio dabis altius sepulcrum.
Haec primo iuuenis canes sub aeuo,
ante annos Culicis Maroniani.
Cedet Musa rudis ferocis Enni   75
et docti furor arduus Lucreti,
et qui per freta duxit Argonautas,
et qui corpora prima transfigurat.
Quid? Maius loquar: ipsa te Latinis
Aeneis uenerabitur canentem.   80
Nec solum dabo carminum nitorem,
sed taedis genialibus dicabo
doctam atque ingenio tuo decoram,
qualem blanda Venus daretque Iuno
forma, simplicitate, comitate,   85
censu, sanguine, gratia, decore,
et uestros humenaeon ante postes
festis cantibus ipsa personabo.
O saeuae nimium grauesque Parcae!
O numquam data longa fata summis!   90
Cur plus, ardua, casibus patetis?
Cur saeua uice magna non senescunt?
Sic natum Nasamonii Tonantis
post ortus obitusque fulminatos
angusto Babylon premit sepulcro;   95
sic fixum Paridis manu trementis
Peliden Thetis horruit cadentem;
sic ripis ego murmurantis Hebri.
non mutum caput Orpheos sequebar.
Sic et tu, rabidi nefas tyranni,   100

Logo, iniciada bem orgulhosa a juventude,
Filipos, embranquecido pelos ossos itálicos, 65
e a guerra de Farsalos farás retumbar
e, entre as armas, o raio do divino chefe,
Catão, grave pela justa liberdade,
e, grato pela popularidade, o Magno.
Tu o crime de Pelúsio e de Canopo 70
chorarás piedoso e a Pompeu darás
um sepulcro mais alto que a cruenta Faros.
Isto, jovem – mal havendo iniciado a vida – o cantarás,
mais cedo que o *Mosquito* de Vergílio.
Cederão a Musa rude do orgulhoso Ênio 75
e o sublime furor do sábio Lucrécio
e o que pelos mares conduziu os Argonautas
e o que transfigura os corpos da matéria.
O quê? Mais direi: a própria *Eneida*
louvar-te-á quando cantares para os latinos. 80
Não só te darei o esplendor dos cantos
mas, pelas tochas nupciais, te entregarei
uma sábia criatura digna do teu gênio,
qual a meiga Vênus e Juno te dariam,
cheia de beleza, simplicidade, afabilidade, 85
riqueza, nobreza, graça e honra;
e, ante as vossas portas, o canto do himeneu
com versos festivos eu mesma o entoarei.
Ó demasiado cruéis e funestas Parcas!
Ó longos destinos nunca dados aos cimos! 90
Por que, sublimes, sois mais expostos à queda?
Por que, em lugar do cruel, não envelhece o grande?
Assim o filho do nasomônio Tonante,
após o nascimento e morte fulminantes,
Babilônia o esconde num sepulcro estreito. 95
Assim, ferido pela mão do trêmulo Páris
caindo o filho de Peleu, Tétis horrorizou-se.
Assim eu mesma, pelas margens do Ebro murmurante,
seguia a cabeça não emudecida de Orfeu.
Assim também tu (ó sacrilégio de um tirano enraivecido!), 100

iussus praecipitem subire Lethen,
dum pugnas canis arduaque uoce
das solacia grandibus sepulcris,
– o dirum scelus! o scelus! – tacebis".
Sic fata est leuiterque decidentes 105
abrasit lacrimas nitente plectro.
At tu, seu rapidum poli per axem
Famae curribus arduis leuatus,
qua surgunt animae potentiores,
terras despicis et sepulcra rides; 110
seu pacis merito nemus reclusi
felix Elysii tenes in oris,
quo Pharsalica turba congregatur,
et te nobile carmen insonantem
Pompei comitantur et Catones 115
– tu magna sacer et superbus umbra
nescis Tartaron et procul nocentum
audis uerbera pallidumque uisa
matris lampade respicis Neronem –,
adsis lucidus et uocante Polla 120
unum, quaeso, diem Deos silentum
exores: solet hoc patere limen
ad nuptas redeuntibus maritis.
Haec te non thiasis procax dolosis
falsi numinis induit figura, 125
ipsum sed colit et frequentat ipsum
imis altius insitum medullis;
at solacia uana subministrat
uultus, qui simili notatus auro
stratis praenitet incubatque somno 130
securae. Procul hinc abite, Mortes:
haec uitae genialis est origo.
Cedat luctus atrox genisque manent
iam dulces lacrimae, dolorque festus,
quicquid fleuerat ante, nunc adoret. 135

mandado mergulhar no impetuoso Lete,
enquanto as lutas cantas e com voz sublime
dás consolo aos grandes mortos
– ó bárbaro crime, ó crime! – silenciarás".
Assim falou e suavemente as lágrimas 105
que caíram, tirou-as do esplendoroso plectro.
   Mas tu, quer, levado pelos sublimes carros da Fama,
através da rápida abóbada celeste,
por onde surgem as almas mais potentes,
desprezes a terra e rias dos sepulcros, 110
quer, merecidamente, ocupes o bosque da paz,
feliz, nas regiões do Elísio aberto,
para onde vai reunida a turba de Farsalos,
e enquanto entoas o teu nobre canto
Pompeus te acompanhem e Catões 115
(tu, grande sombra, sagrado e soberbo,
desconheces o Tártaro e, de longe, ouves
os açoites dos criminosos e observas Nero,
pálido à vista do archote da mãe),
luminoso estejas presente e, ao chamado de Pola, 120
um só dia, peço-te, aos Deuses das sombras
o supliques: costuma este limiar abrir-se
aos maridos que voltam às esposas.
Ela não te reveste – impudente em danças
enganosas – da figura de um falso Nume: 125
a ti mesmo, porém, cultua, e celebra a ti mesmo,
profundamente inserido no âmago de seu ser.
Mas vão consolo proporciona
um rosto que, reproduzido em ouro,
resplandece numa cabeceira e vela por um sono 130
tranqüilo. Afastai-vos para longe daqui, Mortes:
este é o início de uma vida nupcial.
Ceda o luto atroz, escorram de seus olhos
agora doces lágrimas; e uma dor festiva
o que quer que tenha chorado antes o adore agora. 135

                               A.C.

MARCVS VALERIVS MARTIALIS

MARCO VALÉRIO MARCIAL

EPIGRAMMATON LIBRI

LIBER PRIMVS

9

Bellus homo et magnus uis idem, Cotta, uideri:
  sed qui bellus homo est, Cotta, pusillus homo est.

10

Petit Gemellus nuptias Maronillae
et cupit et instat et precatur et donat.
Adeone pulchra est? Immo foedius nil est.
Quid ergo in illa petitur et placet? Tussit.

16

Sunt bona, sunt quaedam mediocria, sunt mala plura
  quae legis hic: aliter non fit, Auite, liber.

EPIGRAMAS

PRIMEIRO LIVRO

9

Homem belo e de valor
queres, Cota, parecer.
Mas um homem, sendo belo,
de valor não pode ser.
J.D.D.

10

Gemelo quer casar com Maronila
e anseia e cerca e roga e dá presentes.
"É assim tão linda?" "Nada é mais feio!"
"Mas o que nela agrada e atrai?" "É tísica."
J.A.O.N.

16

Aqui lês dois versos bons,
três passáveis, mil ruins.
Não há outro modo, Avito:
um livro se faz assim.
J.D.D.

19

Si memini, fuerant tibi quattuor, Aelia, dentes:
  expulit una duos tussis et una duos.
Iam secura potes totis tussire diebus:
  nil istic quod agat tertia tussis habet.

32

Non amo te, Sabidi, nec possum dicere quare:
  hoc tantum possum dicere, non amo te.

33

Amissum non flet cum sola est Gellia patrem,
  si quis adest iussae prosiliunt lacrimae.
Non luget quisquis laudari, Gellia, quaerit,
  ille dolet uere qui sine teste dolet.

38

Quem recitas meus est, o Fidentine, libellus:
  sed male cum recitas, incipit esse tuus.

19

Se bem me lembro, Élia, tu tinhas quatro dentes;
uma tosse cuspiu dois e outra tosse, mais dois.
Já tu podes sem susto os dias inteiros tossir,
que uma terceira tosse o que tirar mais não tem...
A.A.P.

32

Não gosto de você, Sabídio, nem sei dizer por quê.
  Só isto sei e digo: não gosto de você.
J.A.O.N.

33

Se Gélia está sozinha, ao pai não chora morto;
se está presente alguém, então, às ordens dela,
as lágrimas se vão saltando pelo rosto...
Quem busca ser louvado, ó Gélia, esse não sofre
sofre em verdade quem sem testemunha sofre.
A.A.P.

38

Os versos que tu recitas
são, sim, Fidentino, meus:
mas como os recitas mal,
eles passam a ser teus.
J.D.D.

40

Qui ducis uultus et non legis ista libenter,
  omnibus inuideas, liuide, nemo tibi.

63

Vt recitem tibi nostra rogas epigrammata. Nolo:
  non audire, Celer, sed recitare cupis.

64

Bella es, nouimus, et puella, uerum est,
et diues, quis enim potest negare?
Sed cum te nimium, Fabulla, laudas,
nec diues neque bella nec puella es.

75

Dimidium donare Lino quam credere totum
  qui mauolt, mauolt perdere dimidium.

40

Você que franze os sobrolhos
e não me lê de bom grado,
que morra sempre de inveja
sem nunca ser invejado.
     J.D.D.

63

Que eu te recite meus versos
me pedes quase a implorar.
Não quero, Célere, almejas
não ouvir, mas recitar.
     J.D.D.

64

Por certo, és bela e jovem, bem sabemos,
e rica. Quem negá-lo poderia?
Mas se demais tu te louvas, Fabula,
já não és rica, nem bela, nem jovem.
     J.A.O.N.

75

Dar a metade pro Lino
é bem melhor, na verdade,
do que tudo lhe emprestar.
Antes perder só metade.
     J.D.D.

91

Cum tua non edas, carpis mea carmina, Laeli.
    Carpere uel noli nostra uel ede tua.

118

Cui legisse satis non est epigrammata centum,
    nil illi satis est, Caediciane, mali.

LIBER SECVNDVS

7

Declamas belle, causas agis, Attice, belle;
    historias bellas, carmina bella facis;
componis belle mimos, epigrammata belle;
    bellus grammaticus, bellus es astrologus,
et belle cantas et saltas, Attice, belle;   5
    bellus es arte lyrae, bellus es arte pilae.
Nil bene cum facias, facias tamen omnia belle,
    uis dicam quid sis? Magnus es ardalio.

91

Não mostras, Lélio, teus versos;
criticas, contudo, os meus.
Ou pára de criticar,
ou então publica os teus.
                    J.D.D.

118

Quem cem epigramas lê
e não se dá por contente,
pra esse, Cediciano,
não há mal suficiente.
                    J.D.D.

SEGUNDO LIVRO

7

Tu lindamente declamas e lindamente advogas;
histórias lindas tu fazes, Ático, lindos versos...
Mimos compões lindamente e lindamente, epigramas;
és um gramático lindo, um lindo astrólogo és.
Ó Ático, cantas lindo e lindamente tu danças; 5
na arte da lira és lindo, és lindo na arte da bola.
Embora não faças nunca nada bem, todavia
tu sempre todas as coisas fazes tão lindamente...
Queres que eu diga o que és? Tu és um grande metido!
                    A.A.P.

38

Quid mihi reddat ager quaeris, Line, Nomentanus?
 Hoc mihi reddit ager: te, Line, non uideo.

58

Pexatus pulchre rides mea, Zoile, trita.
 Sunt haec trita quidem, Zoile, sed mea sunt.

90

Quintiliane, uagae moderator summe iuuentae,
 gloria Romanae, Quintiliane, togae,
uiuere quod propero pauper nec inutilis annis,
 da ueniam: properat uiuere nemo satis.
Differat hoc patrios optat qui uincere census   5
 atriaque inmodicis artat imaginibus:
me focus et nigros non indignantia fumos
 tecta iuuant et fons uiuus et herba rudis.
Sit mihi uerna satur, sit non doctissima coniunx,
 sit nox cum somno, sit sine lite dies.   10

38

Você quer, Lino, saber
que lucro meu sítio dá?
Me dá esse lucro, Lino:
não vejo você por lá.
                  J.D.D.

58

Ris de minhas vestes velhas,
metido em toga novinha.
São, de fato, velhas vestes,
só que, Zoilo, elas são minhas.
                  J.D.D.

90

Ó Quintiliano, da insegura juventude
o guia supremo e da romana toga a glória,
ó Quintiliano, bem me podes perdoar
se, pobre mas dos anos não vencido ainda,
apresso-me a viver; ninguém para viver
se apressa em demasia. Que deixe pra depois,
aquele que crescer deseja os bens paternos   5
e que os átrios atulha de imagens imensas...
A mim contenta-me a lareira, este teto
que das negras fumaças vergonha não tem,
a água viva de uma fonte e a relva agreste.
Tenha eu um escravo bem farto e uma esposa
que não seja demais instruída; e, depois,
tenha a noite com sono e o dia sem demanda...   10
                  A.A.P.

LIBER TERTIVS

8

"Thaida Quintus amat." "Quam Thaida?" "Thaida luscam."
   Vnum oculum Thais non habet, ille duos.

35

Artis Phidiacae toreuma clarum
pisces aspicis: adde aquam, natabunt.

63

Cotile, bellus homo es: dicunt hoc, Cotile, multi.
   Audio: sed quid sit, dic mihi, bellus homo?
"Bellus homo est, flexos qui digerit ordine crines,
   balsama qui semper, cinnama semper olet;
cantica qui Nili, qui Gaditana susurrat,   5
   qui mouet in uarios bracchia uolsa modos;
inter femineas tota qui luce cathedras
   desidet atque aliqua semper in aure sonat;
qui legit hinc illinc missas scribitque tabellas;
   pallia uicini qui refugit cubiti;   10
quis scit quam quis amet, qui per conuiuia currit,

TERCEIRO LIVRO

8

Quinto ama Taís.
Que Taís? A caolha.
Ela é cega de um olho
ele é cego dos dois.
    J.A.O.N.

35

Da arte de Fídias
um vaso célebre,
peixes
vês.
Põe-lhe água.
Nadarão...
   A.A.P.

63

Que homem lindo tu és, ó Cótilo, muitos dizem.
Isso eu ouço, mas me diz: o que é um homem lindo?
"Um homem lindo é quem traz bem repartido o cabelo,
quem sempre a bálsamo cheira, quem cheira a cinamomo;
quem as cantigas do Nilo ou de Cádiz cantarola,   5
quem com meneios gentis move os braços depilados;
quem o dia inteiro passa entre mulheres sentado,
a sussurrar-lhes no ouvido sempre algum mexerico;
quem escreve e lê bilhetes, daqui, dali mandados;
quem sempre as vestes desvia dos cotovelos vizinhos,   10
quem sabe quem ama quem, quem corre pelos banquetes;

Hirpini ueteres qui bene nouit auos."
Qui narras? Hoc est, hoc est homo, Cotile, bellus?
   Res pertricosa est, Cotile, bellus homo.

LIBER QVARTVS

22

Primos passa toros et adhuc placanda marito
   merserat in nitidos se Cleopatra lacus,
dum fugit amplexus. Sed prodidit unda latentem;
   lucebat, totis cum tegeretur aquis:
condita sic puro numerantur lilia uitro, 5
   sic prohibet tenuis gemma latere rosas.
Insilui mersusque uadis luctantia carpsi
   basia: perspicuae plus uetuistis aquae.

36

Cana est barba tibi, nigra est coma: tinguere barbam
   non potes — haec causa est — et potes, Ole, comam.

65

Oculo Philaenis semper altero plorat.
Quo fiat istud quaeritis modo? Lusca est.

quem sabe os velhos avós até do cavalo Hirpino."
Que me dizes? É isto, é isto um homem lindo, ó Cótilo?!
Que coisa mais esquisita, ó Cótilo, é um homem lindo!...
A.A.P.

QUARTO LIVRO

22

Sofridos os primeiros assaltos conjugais
e a seu marido ainda de todo não dobrada,
a braços e abraços fugindo melindrosa,
num banho de águas claras Cleópatra imergiu...
Mas a água traidora revelou-a escondida.
Como esplendia linda, velada em transparências!
Assim em vidros limpos os lírios brilham mais, 5
assim cristais proíbem se escondam finas rosas...
Atiro-me nas águas e, nelas imergindo,
os beijos que relutam vou ávido colhendo.
O resto me impedistes, ó águas transparentes...
A.A.P.

36

Tens branca a barba, ó Olo, mas negra a cabeleira:
  é que os cabelos podes tingir, e a barba não.
J.A.O.N.

65

Filene sempre chora com um só olho.
Quereis saber como isso ocorre? É caolha.
J.A.O.N.

LIBER QVINTVS

34

Hanc tibi, Fronto pater, genetrix Flaccilla, puellam
  oscula commendo deliciasque meas,
paruola ne nigras horrescat Erotion umbras
  oraque Tartarei prodigiosa canis.
Impletura fuit sextae modo frigora brumae,   5
  uixisset totidem ni minus illa dies.
Inter tam ueteres ludat lasciua patronos
  et nomen blaeso garriat ore meum.
Mollia non rigidus caespes tegat ossa nec illi,
  terra, grauis fueris: non fuit illa tibi.   10

LIBER SEPTIMVS

3

Cur non mitto meos tibi, Pontiliane, libellos?
  Ne mihi tu mittas, Pontiliane, tuos.

QUINTO LIVRO

34

Tu, Frontão, meu pai, ó mãe Flacila,
guiai esta menina (são meus beijos
e delícias): que Erótion tão pequena
não tema as negras sombras nem as plagas
tão monstruosas do tartáreo cão.
Ia completar só o sexto inverno,   5
se só vivesse apenas mais seis dias.
Que alegre entre os patrões brinque tão velhos e
meu nome ensaie com a vozinha gárrula.
E de relva um torrão lhe cubra leve
os ossos tenros, nem sobre ela peses,
terra, pois sobre ti pesou tão pouco.   10
J.A.O.N.

SÉTIMO LIVRO

3

Sabes por que, Pontiliano,
não te mando os livros meus?
É porque tu, Pontiliano,
poderás mandar-me os teus.
J.D.D.

LIBER DECIMVS

8

Nubere Paula cupit nobis, ego ducere Paulam
nolo: anus est. Vellem, si magis esset anus.

DÉCIMO LIVRO

8

Paula quer casar comigo,
mas eu não quero, com ela.
Ela é velha. Eu casaria
só se ela fosse mais velha.
J.D.D.

PERVIGILIVM VENERIS

VIGÍLIA DE VÊNUS

PERVIGILIVM VENERIS

Cras amet qui numquam amauit quique amauit cras amet!

Ver nouum, uer iam canorum; uere natus orbis est,
uere concordant amores, uere nubunt alites,
et nemus comam resoluit de maritis imbribus.
Cras amorum Copulatrix inter umbras arborum 5
implicat casas uirentis de flagello myrteo,
cras Dione iura dicit fulta sublimi throno.

Cras amet qui numquam amauit quique amauit cras amet!

Tunc cruore de superno spumeo pontus globo
caerulas inter cateruas inter et bipedes equos 10
fecit undantem Dionen de marinis imbribus.

Cras amet qui numquam amauit quique amauit cras amet!

Ipsa gemmis purpurantem pingit annum floridis,
ipsa surgentes papillas de Fauoni spiritu
urget in nodos tumentes; ipsa roris lucidi, 15
noctis aura quem relinquit, spargit umentis aquas.
Et micant lacrimae trementes de caduco pondere:
gutta praeceps orbe paruo sustinet casus suos.

VIGÍLIA DE VÊNUS

Ame amanhã quem jamais amou e quem um dia amou ame amanhã!

Nova primavera! Primavera cheia de cantos! Na primavera
                              [nasceu o mundo,
na primavera harmonizam-se amores; na primavera casam-se
                              [os pássaros,
e a floresta abraçada pela chuva solta os cabelos.
Amanhã a Rainha dos Amores entre as sombras das árvores   5
com ramos de mirto entrelaça cabanas verdejantes.
Amanhã Dione, sentada em sublime trono, dita as leis.

Ame amanhã quem jamais amou e quem um dia amou ame amanhã!

O mar numa onda espumante do sangue divino
entre as cerúleas tropas de hipocampos   10
fez surgir Dione flutuando sobre as águas marinhas.

Ame amanhã quem jamais amou e quem um dia amou ame amanhã!
Ela mesma tinge a estação purpúrea dos botões em flor,
ela mesma entreabre nos intumescidos nós os brotos
que nascem do sopro de Zéfiro; ela mesma espalha as úmidas gotas   15
do luminoso orvalho, que a brisa noturna deixa.
E brilham gotejantes lágrimas trêmulas prestes a cair:
a gota pendente em seu pequeno globo adia sua queda.

En pudorem florulentae prodiderunt purpurae:
umor ille, quem serenis astra rorant noctibus, 20
mane uirgineas papillas soluit umenti peplo.
Ipsa iussit mane ut udae uirgines nubant rosae:
facta Cypridis de cruore deque Amoris osculis
deque gemmis deque flammis deque solis purpuris,
cras ruborem, qui latebat ueste tectus ignea, 25
unico marita uoto non pudebit soluere.

Cras amet qui numquam amauit quique amauit cras amet!

Ipsa Nymphas diua luco iussit ire myrteo:
It Puer comes puellis; nec tamen credi potest
esse Amorem feriatum, si sagittas uexerit. 30
Ite, Nymphae, posuit arma, feriatus est Amor!
Iussus est inermis ire, nudus ire iussus est,
neu quid arcu neu sagitta neu quid igne laederet.
Sed tamen, Nymphae, cauete, quod Cupido pulcher est:
totus est in armis idem quando nudus est Amor. 35

Cras amet qui numquam amauit quique amauit cras amet!

"Conpari Venus pudore mittit ad te uirgines:
una res est quam rogamus: cede, Virgo Delia,
ut nemus sit incruentum de ferinis stragibus.
Ipsa uellet te rogare, si pudicam flecteret; 40
ipsa uellet ut uenires, si deceret uirginem.
Iam tribus choros uideres feriatis noctibus
congreges inter cateruas ire per saltus tuos
floreas inter coronas, myrteas inter casas.
Nec Ceres nec Bacchus absunt nec poetarum Deus. 45

Eis que a púrpura das flores evidencia um pudor:
aquele orvalho, que nas noites serenas as estrelas irroram, 20
de manhã liberta do úmido peplo virgens botões.
Ela mesma ordenou que de manhã se casem as úmidas rosas virgens:
filhas do sangue de Vênus e dos beijos do Amor
e das pérolas e das chamas e da púrpura do sol,
amanhã, esposas de um único amor, não se envergonharão 25
de dissipar o rubor escondido por um véu de fogo.

Ame amanhã quem jamais amou e quem um dia amou ame amanhã!

A própria Deusa ordenou às Ninfas que fossem a um bosque de mirto:
o Menino acompanha as virgens; mas não se pode crer
que o Amor esteja em férias, se carrega as flechas. 30
Ide, ó Ninfas, o Amor depôs as armas, está em férias!
Foi-lhe imposto ir sem armas, foi-lhe imposto ir nu
para que não ferisse nem com arco, nem com flecha, nem com fogo.
Entretanto, Ninfas, acautelai-vos, pois o Amor é belo:
o Amor está em armas também quando está nu. 35

Ame amanhã quem jamais amou e quem um dia amou ame amanhã!

"Vênus envia-te virgens pudicas como tu:
um único pedido te fazemos: afasta-te, Virgem Délia;
para que o bosque não seja manchado com sangue de feras mortas.
Ela mesma desejaria suplicar-te se te comovesse, ó pudica! 40
Ela mesma gostaria de que viesses, se conviesse a uma virgem.
Assim, por três noites de festa, verias os coros,
unidos com a multidão, a vagar pelos teus bosques
entre coroas de flores, entre cabanas de mirto.
Nem Ceres, nem Baco estão ausentes, nem o Deus dos poetas. 45

Detinenda tota nox est, peruigilanda canticis:
regnet in siluis Dione! Tu recede, Delia!"

Cras amet qui numquam amauit quique amauit cras amet!

Iussit Hyblaeis tribunal stare diua floribus:
praeses ipsa iura dicet, adsidebunt Gratiae.   50
Hybla, totos funde flores, quidquid annus adtulit!
Hybla florum sume uestem, quantus Aetnae campus est!
Ruris hic erunt puellae, uel puellae montium,
quaeque siluas, quaeque lucos, quaeque fontes incolunt:
iussit omnes adsidere Pueri Mater alitis,   55
iussit, et nudo, puellas nil Amori credere.

Cras amet qui numquam amauit quique amauit cras amet!

Δ

Et recentibus uirentes ducat umbras floribus!

Δ

Cras erit quo primus Aether copulauit nuptias.
Vt Pater totum crearet uernis annum nubibus,   60
in sinum maritus imber fluxit almae coniugis,
unde foetus mixtus omnis aleret magno corpore.
Ipsa uenas atque mentem permeanti spiritu
intus occultis gubernat procreatrix uiribus.
Perque caelum perque terras perque pontum subditum,   65
peruium sui tenorem seminali tramite
inbuit iussitque mundum nosse nascendi uias.

Vigília de Vênus

Deve-se ocupar e velar a noite inteira com cânticos:
reine Dione nos bosques! Tu, ó Délia, retira-te!"

Ame amanhã quem jamais amou e quem um dia amou ame amanhã!

A Deusa ordenou que o tribunal estivesse entre as flores do Hibla:
ela mesma o presidirá e ditará as leis, assistida pelas Graças.   50
Hibla, espalha todas as flores, toda a florada do ano!
Hibla, põe uma veste de flores extensa como o campo do Etna!
Aqui estarão as virgens do campo ou as virgens dos montes,
todas as que habitam as florestas, os bosques, as fontes:
ordenou que todas estivessem presentes a Mãe do Menino alado.   55
Ordenou que, mesmo nu, as virgens por nada acreditassem no Amor.

Ame amanhã quem jamais amou e quem um dia amou ame amanhã!

Δ

E estenda sobre as novas flores sombras verdejantes!

Δ

Amanhã será o dia em que pela primeira vez o Éter consumou
[as núpcias.
O Pai, para poder procriar todo o ano com nuvens primaveris,   60
espalhou-se como chuva marital no ventre da fecunda esposa,
donde pudesse, unido ao grande corpo, alimentar todos os filhos.
A própria Mãe com sopro penetrante governa o sangue e a alma
com forças ocultas no seu interior.
Através do céu, das terras e do mar subordinado,   65
impregnou de germes fecundos seu caminho ininterrupto
e ordenou que o mundo aprendesse os caminhos da procriação.

Cras amet qui numquam amauit quique amauit cras amet!

Ipsa Troianos nepotes in Latinos transtulit;
ipsa Laurentem puellam coniugem nato dedit; 70
moxque Marti de sacello dar pudicam uirginem;
Romuleas ipsa fecit cum Sabinis nuptias,
unde Ramnes et Quirites proque prole posterum
Romuli, patrem crearet et nepotem Caesarem.

Cras amet qui numquam amauit quique amauit cras amet! 75

Rura fecundat uoluptas, rura Venerem sentiunt;
ipse Amor, puer Dionae, rure natus dicitur.
Hunc, ager cum parturiret, ipsa suscepit sinu;
ipsa florum delicatis educauit osculis.

Cras amet qui numquam amauit quique amauit cras amet! 80

Esse iam subter genestas explicant tauri latus,
quisque tutus quo tenetur coniugali foedere.
Subter umbras cum maritis ecce balantum greges.
Et canoras non tacere diua iussit alites.
Iam loquaces ore rauco stagna cygni perstrepunt. 85
Adsonat Terei puella subter umbram populi,
ut putes motus amoris ore dici musico
et neges queri sororem de marito barbaro.
Illa cantat, nos tacemus. Quando uer uenit meum?
Quando faciam uti chelidon, ut tacere desinam? 90
Perdidi Musam tacendo nec me Phoebus respicit.
Sic Amyclas, cum tacerent, perdidit silentium.

Cras amet qui numquam amauit quique amauit cras amet!

Vigília de Vênus

Ame amanhã quem jamais amou e quem um dia amou ame amanhã!

Ela mesma tornou latinos os descendentes troianos;
ela mesma deu ao filho como cônjuge a jovem de Laurento;
e, em seguida, oferece a Marte uma pudica virgem do templo;
ela mesma realizou as núpcias dos companheiros de Rômulo
[com as sabinas,
donde criasse os Ramnes e os Quirites e, em benefício da prole dos
[descendentes
de Rômulo, César, o pai e o sobrinho.

Ame amanhã quem jamais amou e quem um dia amou ame amanhã!

O prazer fecunda os campos, os campos sentem Vênus;
o próprio Amor, filho de Dione, nasceu, diz-se, no campo.
Ela mesma o acolheu em seu seio, enquanto a terra o gerava;
ela mesma o educou com os delicados beijos das flores.

Ame amanhã quem jamais amou e quem um dia amou ame amanhã!

Eis que sob as giestas os touros estendem os flancos,
tranqüilo cada um no liame conjugal pelo qual está unido.
Eis à sombra os rebanhos com seus machos.
E ordenou a Deusa que não se calassem os pássaros melodiosos.
Já de seu canto rouco os cisnes tagarelas fazem retumbar os lagos.
À sombra do choupo, canta a esposa de Tereu,
para que julgues que canta, com voz musical, os desvarios do amor
e negues que lamenta a irmã, vítima de bárbaro marido.
Ela canta, nós nos calamos. Quando chegará a minha primavera?
Quando serei como a andorinha e deixarei de calar-me?
Calando-me perdi minha Musa e Febo nem me olha.
Assim, Amiclas, silenciosa, perdeu-se com o silêncio.

Ame amanhã quem jamais amou e quem um dia amou ame amanhã!
                                                        A.C.M.F.

DECIMVS MAGNVS AVSONIVS

DÉCIMO MAGNO AUSÔNIO

EPIGRAMMATA

1

Est quod mane legas, est et quod uespere; laetis
   seria miscuimus, tempore uti placeant.
Non unus uitae color est nec carminis unus
   lector; habet tempus pagina quaeque suum.
Hoc mitrata Venus, probat hoc galeata Minerua;   5
   stoicus has partes, has Epicurus amat;
salua mihi ueterum maneat dum regula morum,
   plaudat permissis sobria Musa iocis.

2

Dicebam tibi: "Galla, senescimus; effugit aetas,
   utere rene tuo: casta puella anus est".
Spreuisti. Obrepsit non intellecta senectus
   nec renouare potes qui periere, dies.
Nunc piget et quereris, quod non aut ista uoluntas   5
   tunc fuit, aut non est nunc ea forma tibi.
Da tamen amplexus oblitaque gaudia iunge.
   Da fruar, et, si non quod uolo, quod uolui.

EPIGRAMAS

1

SOBRE OS SEUS POEMAS

Há o que ler de manhã, e também de tarde; a coisas alegres
   misturei sérias, para que agradem no devido tempo.
A vida não tem uma cor só, nem o poema um só
   leitor; cada página tem o seu momento.
Vênus, de mitra, aprova isto; Minerva, de capacete, aquilo.   5
   Um estóico aprecia este trecho; um epicurista, aqueloutro.
Contanto que eu observe a norma da moral antiga,
   poderá minha sóbria Musa aplaudir gracejos permitidos.
J.P.M.

2

PARA A JOVEM GALA QUE VAI ENVELHECENDO

Eu te dizia: "Gala, envelhecemos, vai-se a mocidade,
   aproveita os teus encantos: uma jovem casta é uma velha".
Tu me deste ao desprezo. Furtivamente se insinuou a velhice
   sem que possas ter de volta os dias que se foram.
Agora te lastimas e te queixas por não teres tido   5
   então esse desejo ou por não teres mais tua beleza.
Dá-me, contudo, os teus abraços, mais as alegrias esquecidas.
   Dá-me que desfrute, se não o que eu quero, ao menos o que já quis.
J.P.M.

5

Vxor, uiuamus, quod uiximus, et teneamus
  nomina, quae primo sumpsimus in thalamo.
Nec ferat ulla dies, ut commutemur in aeuo,
  quin tibi sim iuvenis tuque puella mihi.
Nestore sim quamuis prouectior aemulaque annis   5
  uincas Cumanam tu quoque Deiphoben;
nos ignoremus quid sit matura senectus.
  Scire aeui meritum, non numerare decet.

5

PARA A ESPOSA

Esposa minha, vivamos como temos vivido e conservemos
   os nomes que nos demos em nossa primeira noite:
que dia nenhum jamais nos faça mudar;
   seja eu para ti um jovem, tu para mim uma donzela.
Embora eu seja mais idoso que Nestor, e também tu   5
   rivalizes em anos com a Cumana Deífobe,
ignoremos a maturidade da velhice.
   É mister saber o valor dos anos, não o seu número.

J.P.M.

CLAVDIVS CLAVDIANVS

CLÁUDIO CLAUDIANO

EPIGRAMMATA 2

Felix qui patriis aeuum transegit in agris,
  ipsa domus puerum quem uidet, ipsa senem;
qui baculo nitens, in qua reptauit arena,
  unius numeret saecula longa casae!
Illum non uario traxit fortuna tumultu,   5
  nec bibit ignotas mobilis hospes aquas:
non freta mercator tremuit, non classica miles;
  non rauci lites pertulit ille fori.
Indocilis rerum, uicinae nescius urbis,
  adspectu fruitur liberiore poli.   10
Frugibus alternis, non consule, computat annum;
  autumnum pomis, ver sibi flore notat.
Idem condit ager soles, idemque reducit,
  metiturque suo rusticus orbe diem.
Ingentem meminit paruo qui germine quercum,   15
  aequaeuumque uidet consenuisse nemus.
Proxima cui nigris Verona remotior Indis,
  Benacumque putat litora rubra lacum.
Sed tamen indomitae uires, firmisque lacertis
  aetas robustum tertia cernit auum.   20
Erret, et extremos alter scrutetur Iberos;
  plus habet hic uitae, plus habet ille uiae.

EPIGRAMAS 2

O VELHO DE VERONA

Feliz aquele que passou a vida nos campos de seus pais!
   A casa em que viveu menino é ainda a de ancião.
Apoiado em seu cajado, no chão em que engatinhou,
   conta os longos anos de sua mesma cabana.
A fortuna não o arrastou em sua incerta voragem,   5
   nem como viajante passageiro bebeu de estranhas águas.
Não tremeu, qual mercador, ante a fúria do mar, nem, como
                  [soldado, o som da trombeta;
   nem defendeu causas no ruidoso foro.
Indiferente aos negócios públicos, sem conhecer a cidade vizinha,   10
   desfruta de mais vastos horizontes.
Conta os anos, não pelo mandato do cônsul, mas pelas colheitas
                  [periódicas;
   sabe que é outono pelos frutos, primavera pelas flores.
O sol sempre se põe e nasce no mesmo campo;
   e, rústico, as horas do dia calcula por seu circuito.
Desse imenso carvalho, ele se lembra como pequena vergôntea,   15
   e vê que o bosque da mesma idade com ele envelheceu.
Para ele, a vizinha Verona é mais distante que a negra Índia,
   crendo que o lago Benaco é o Mar Vermelho.
Contudo, são inquebrantáveis suas forças e, de rijos braços,
   é um velho robusto na terceira idade.   20
Outro viaje e vá explorar os remotos Iberos:
   terá ele percorrido mais caminhos, terá o velho mais vivido.

                                                    J.P.M.

CLAVDIVS RVTILIVS NAMATIANVS

CLÁUDIO RUTÍLIO NAMACIANO

DE REDITV SVO ITINERARIVM I 47-66

Exaudi, regina tui pulcherrima mundi,
   inter sidereos Roma recepta polos:
exaudi, genetrix hominum, genetrixque Deorum,
   non procul a caelo per tua templa sumus.   50
Te canimus, semperque, sinent dum fata, canemus:
   sospes nemo potest immemor esse tui.
Obruerint citius scelerata obliuia solem,
   quam tuus ex nostro corde recedat honos:
nam solis radiis aequalia munera tendis,   55
   qua circumfusus fluctuat Oceanus.
Voluitur ipse tibi, qui continet omnia, Phoebus,
   eque tuis ortos in tua condit equos.
Te non flammigeris Libye tardauit arenis,
   non armata suo reppulit Vrsa gelu.   60
Quantum uitalis natura tetendit in axes,
   tantum uirtuti peruia terra tuae.
Fecisti patriam diuersis gentibus unam;
   profuit iniustis, te dominante, capi:
dumque offers uictis proprii consortia iuris,   65
   Vrbem fecisti, quod prius Orbis erat.

ITINERÁRIO DE SEU REGRESSO I 47-66

ELOGIO DE ROMA

Escuta, rainha magnífica do mundo que é teu,
   Roma, entre os astros celestes admitida!
Escuta, mãe dos homens e mãe dos Deuses,
   por teus templos não estamos do céu distantes. 50
Cantamos teu louvor e, enquanto os fados consentirem,
                            [sempre cantaremos.
   Ninguém viver pode sem de ti lembrar-se.
Um criminoso olvido sepultado terá o sol
   antes que tua gloriosa imagem de nosso coração se apague.
Pois tua munificência tão longe se estende quanto os raios do sol, 55
   até onde o Oceano o círculo de suas ondas agita.
Para ti gira o próprio Febo que tudo abarca,
   e seus cavalos que de ti ergueu é em ti que os deita.
Não te deteve a Líbia com suas areias escaldantes;
   armada com seus gelos, não te fez recuar a Ursa. 60
Até onde a Natureza habitável em direção aos pólos se estende,
   até aí teu valor te fez acessível a terra.
Fizeste das mais distantes nações uma só Pátria;
   às que não tinham leis sofrer tua dominação aproveitou.
A comunidade de tuas próprias leis aos vencidos ofereceste; 65
   do que antes era o Universo uma Cidade fizeste.

                                     J.P.M.

AVRELIVS PRVDENTIVS CLEMENS

AURÉLIO PRUDÊNCIO CLEMENTE

LIBER CATHEMERINON 1

HYMNVS AD GALLI CANTVM

Ales diei nuntius
lucem propinquam praecinit;
nos excitator mentium
iam Christus ad uitam uocat.

"Auferte", clamat, "lectulos   5
aegros, soporos, desides;
castique, recti ac sobrii
uigilate, iam sum proximus!"

Post solis ortum fulgidi
serum est cubile spernere,   10
ni parte noctis addita
tempus labori adieceris.

Vox ista, qua strepunt aues
stantes sub ipso culmine
paulo ante quam lux emicet   15
nostri figura est iudicis.

Tectos tenebris horridis
stratisque opertos segnibus
suadet quietem linquere
iam iamque uenturo die,   20

LIVRO DAS HORAS 1

HINO AO CANTO DO GALO

A ave que anuncia o dia
canta a luz que se aproxima;
já Cristo, que as almas desperta,
chama-nos à vida.

"Deixai", clama, "os leitos   5
doentios, soporíferos, ociosos;
e castos, honrados e bem despertos
vigiai: eu já estou próximo!"

Após o nascer do fúlgido sol
é tarde para desprezar o leito   10
se, acrescentando-lhe parte da noite,
não se aumentou o tempo do trabalho.

Essa voz com que despertam as aves
pousadas sob o próprio cimo
pouco antes de brilhar a luz   15
é a figura do nosso juiz.

Envoltos em espessas trevas
e cobertos de colchas preguiçosas,
exorta-nos a deixar o repouso
logo que está para surgir o dia.   20

ut, cum coruscis flatibus
aurora caelum sparserit,
omnes labore exercitos
confirmet ad spem luminis.

   Hic somnus ad tempus datus
est forma mortis perpetis:
peccata, ceu nox horrida,
cogunt iacere ac stertere;

   sed uox ab alto culmine
Christi docentis praemonet
adesse iam lucem prope,
ne mens sopori seruiat,

   ne somnus usque ad terminos
uitae socordis opprimat
pectus sepultum crimine
et lucis oblitum suae.

   Ferunt uagantes daemonas,
laetos tenebris noctium,
gallo canente exterritos
sparsim timere et cedere.

   Inuisa nam uicinitas
lucis, salutis, numinis,
rupto tenebrarum situ,
noctis fugat satellites.

   Hoc esse signum praescii
norunt repromissae spei,
qua nos soporis liberi
speramus aduentum Dei.

Assim, depois que as auras luminosas,
a Aurora as houver espargido no céu,
confirme na esperança de luz
todos os que o trabalho fatiga.

Este sono dado por algum tempo 25
é a imagem da morte eterna:
os pecados, como noite horrenda,
forçam-nos ao abatimento e ao estertor.

Mas do alto cimo a voz
de Cristo, ensinando-nos, avisa 30
que já está próxima a luz:
não seja a alma escrava do torpor,

e não oprima o sono,
até o fim de uma vida de indolência,
o peito sepultado pelo crime 35
e esquecido de sua luz.

Dizem que demônios errantes,
alegres nas trevas das noites,
aterrorizados ao cantar do galo
espalham-se temerosos, 40

pois a odiada aproximação
da luz, da salvação, da divindade,
rompido o esconderijo das trevas,
afugenta os satélites da noite.

Eles sabem, prescientes, que este é 45
o sinal da esperança prometida,
pela qual, livres do torpor,
esperamos o advento de Deus.

Quae uis sit huius alitis,
Saluator ostendit Petro, 50
ter, antequam gallus canat,
sese negandum praedicans.

Fit namque peccatum prius
quam praeco lucis proximae
inlustret humanum genus 55
finemque peccandi ferat.

Fleuit negator denique
ex ore prolapsum nefas,
cum mens maneret innocens
animusque seruaret fidem. 60

Nec tale quidquam postea
linguae locutus lubrico est,
cantuque galli cognito
peccare iustus destitit.

Inde est, quod omnes credimus 65
illo quietis tempore
quo gallus exultans canit,
Christum redisse ex inferis.

Tunc mortis oppressus uigor,
tunc lex subacta est tartari, 70
tunc uis diei fortior
noctem coegit cedere.

Iam iam quiescant improba,
iam culpa furua obdormiat,
iam noxa letalis suum 75
perpessa somnum marceat.

Qual seja o valor dessa ave,
o Salvador o mostrou a Pedro, 50
predizendo que o negaria
três vezes antes que o galo cantasse.

Comete-se, pois, o crime
antes que o arauto da luz próxima
ilumine o gênero humano 55
e traga o fim do pecado.

Chorou, enfim, o negador
o crime escapado dos lábios,
permanecendo inocente o coração
e o espírito conservando a fé. 60

Nada semelhante, depois,
proferiu por deslize da língua:
ouvindo o canto do galo,
deixou de pecar o justo.

É por isso que todos cremos 65
que naquele instante de quietude
em que o galo exulta cantando,
Cristo voltou dos infernos

Então foi vencida a força da morte,
então subjugada a lei do Tártaro: 70
então o poder mais forte do dia
obrigou a dissipar-se a noite.

Desde já se aquiete a maldade,
já a negra culpa adormeça:
já o pecado mortal, suportando 75
o seu sono, enfraqueça.

Vigil uicissim spiritus,
quodcumque restat temporis
dum meta noctis clauditur,
stans ac laborans excubet. 80

   Iesum ciamus uocibus
flentes, precantes, sobrii;
intenta supplicatio
dormire cor mundum uetat.

   Sat conuolutis artubus 85
sensum profunda obliuio
pressit, grauauit, obruit
uanis uagantem somniis.

   Sunt nempe falsa et friuola,
quae mundiali gloria 90
ceu dormientes egimus:
uigilemus, hic est ueritas.

   Aurum, uoluptas, gaudium,
opes, honores, prospera,
quaecumque nos inflant mala: 95
fit mane, nil sunt omnia.

   Tu, Christe, somnum dissice,
tu rumpe noctis uincula,
tu solue peccatum uetus
nouumque lumen ingere! 100

Vigilante por sua vez o espírito,
por todo o tempo que resta
enquanto se fecha o cone da noite,
monte guarda, persevere e trabalhe. 80

Com palavras invocamos a Jesus,
em lágrimas, rogando, bem despertos:
a súplica veemente
impede o sono ao coração puro.

Enquanto esteve coberto o corpo, 85
esquecimento profundo oprimiu bastante,
sobrecarregou e amorteceu o sentimento
que vagava em sonhos vãos,

pois há falsidades e frivolidades
que, pela glória mundana, 90
cometemos como que dormindo.
Vigiemos: aqui está a verdade.

Ouro, prazer e gozo,
riquezas, honras, fortuna,
tudo o que nos enche de orgulho, 95
chega a manhã, tudo é nada.

Tu, Cristo, dissipa o sono,
Tu, rompe as cadeias da noite,
Tu, perdoa o pecado antigo
e traze-nos a nova luz! 100

    H.O.M.N.

IMPRESSÃO E ACABAMENTO:
YANGRAF Fone/Fax: 6198.1788